タネ屋が こっそり 教える

野菜づくり
の極意

市川啓一郎 著

農文協

はじめに

お客さんの質問から生まれた本

　私は長崎県佐世保市で父が創業したタネ屋「市川種苗店」の2代目です。タネ（種苗）に関わる仕事を始めて40年たちました。計算してみると1万2000日ほど店頭に立っていることになります。タネの専門店ですから、一日に何度もお客さんから野菜づくりの「質問」を受けます。たとえば、「タネ播きはいつ？」「今年に限って芽が出ない。なぜ？　タネが悪かったのでは？」「タマネギやダイコン、ハクサイはどうしてトウが立ってしまうの？」「トマトやナス、キュウリが突然枯れだすのは苗が悪いのでは？」「どんな肥料をやったらおいしい野菜がつくれるの？」「石灰や肥料、堆肥はいつどのくらいやればよいか？」など。

　おもしろいのは、同じお客さんから同じ質問を繰り返されることが決して珍しくはないことです。なぜ、毎年同じような質問をしてしまうのだろうか。私もいろいろ考えました。お客さんが何度も同じ質問をしなくてもすむような、スッキリした答えはできないものか……。この本は、40年のそうした試行錯誤のなかから生まれました。

物理で学んだ「シンプルかつ普遍的な見方」

　私は、大学は農学部へ進学してもらいたいという父の希望とは裏腹に、物理を学ぶ大学に進学しました。物理とはたった三つの法則で全宇宙に働く「力」と「運動」を説明し、「未来」を予測することまでできる学問です。一つの法則から原子爆弾も作れてしまいます。物理学の神髄は「Simple is Best（シンプル イズ ベスト）」。なぜ、どうしてと常に問いを立てることにより、命題の成り立つ十分条件や原因をたどっていきます。そうすると、多くの結論は数少ない原理で成り立っていることがわかります。

　私は野菜づくりにこの考え方を応用しています。辞書のように野菜の特徴やつくり方の情報をすべて覚えようとすると頭がパンクしてしまいます。でも、なぜ、どうしてと野菜を観察すると、ある共通した特徴があることに気づきます。この特徴に気づくと野菜づくりは意外とシンプルになります。実際に見てみましょう。

　たとえば、葉をよく見ていると、大きくて毛がある葉と切れ込みの深い葉、ツルツルした葉があることに気づきます。葉が大きくて毛のあるような野菜は葉からの水の蒸散が激しく、根からも水をどんどん吸う水好きな野菜です。大きな葉を持つナスやサトイモはそんな野菜であり、水が豊富な土地で進化したのだろうということもわかります。逆に葉の切れ込みが深い野菜やツルツルした葉の野菜は水の蒸散をできるだけ少なくしたい乾燥に強い野菜です。葉の切れ込みが深いトマトやスイカ、葉のツルツルしたキャベツやネギは典型的な乾燥に強い野菜ですね。

　根を見てもわかることがあります。太くてまっすぐ下に根が深く伸びる野菜と細かいひげ根が多い野菜があります。太くて深い根は生育初期に切れると致命的です。一方、細かい根が多いと、切れたとしてもまた新しい根が出て代替がきくのでダメージ

は小さいです。苗づくりは根を切る作業と同じことともいえるので、細かい根が多いキャベツなどは移植向きであり、太くて深い根を持つハクサイなどは移植には向かないことがわかります。

　野菜の花を見ることは少ないかもしれませんが、花を見ても大事なことがわかります。キャベツやハクサイ、チンゲンサイ、コマツナ、カブなどはみな同じ黄色く十字の形をしたアブラナ科の花です。ジャガイモやナス、トマトなどのナス科の花は色は違えど形は非常によく似てます。同じような花が咲く野菜は同じグループ（科）の野菜です。毎年、同じ畑で同じグループの野菜をつくると連作障害を引き起こすもとになりますが、この花の形を覚えておけば、「これは何科の野菜」などと覚えなくても同じグループがわかるので、連作障害が避けられます。

たくさんの野菜に共通のつくり方が見えてくる

　野菜の種類や栽培方法をすべて覚えるのはとても大変で、苦痛以外の何ものでもありません。しかし、今見たように野菜の形から栽培方法をたどることができれば、野菜づくりはかなりシンプルになりますよね。

　本書では、既存の野菜づくりの本とはちょっと異なり、物理好きの著者による切り口で野菜づくりを解説したつもりです。野菜づくりの初心者もベテランも、本書を読んで「なるほど、そうだったのか！」と膝を叩いて、野菜づくりのおもしろさをもっともっと知っていただけたら幸いです。

2021年7月　市川　啓一郎

- タネ播き、定植、収穫の時期は著者の住む九州の気候を例にしています。

- 本書における施肥量は、特にことわりがないもの以外はすべて（10：10：10）の化成肥料の量を示しています。

- 「　」つきの品種名のうち種苗メーカー名のないものは市川種苗店のオリジナル商品です。

目　次

はじめに …… **1**

作物別さくいん…… **6**

1章　絵とき タネ屋がこっそり教える 野菜づくりの秘密

❶ 形がわかればつくり方がわかる ………………………………………………… **8**

（1）形がわかれば原産地がわかる…… **8**

（2）葉の形…… **10**

　原産地の湿度と水分によって進化⁉　**10** ／葉の形で原産地の水量がわかる　**10**

（3）根の形…… **11**

　葉は水分の出口、根は入り口　**11** ／根の形で直播きか、移植かが決まる　**11**

（4）花の形…… **12**

　花の形でグループ（科）がわかる　**12**

　同じグループの野菜は虫や病原体から見ると同じように見える　**12**

　カコミ これを覚えておけば連作障害が防げる　花の形でわかる野菜のグループ（科）分け　**13**

❷ 食べる部位でつくり方がわかる ………………………………………………… **14**

（1）野菜の一生を知る…… **14**

（2）葉を食べる野菜…… **16**

　トウ（花茎）を立たせない　**16** ／トウ立ちには大きく２つのタイプがある　**16**

（3）根を食べる野菜…… **17**

　根を一発で完成させる　**17** ／トウ立ちさせない　**17**

（4）実を食べる野菜…… **18**

　カコミ 知って得する　季節を勘違いさせて、トウ立ちを防ぐワザ　**19**

❸ 土づくりと施肥の上手なやり方 ………………………………………………… **20**

（1）土づくりと施肥…… **20**

　肥料だけでは野菜はできない　**20** ／肥料は土にいったん保持される　**20**

　保肥力の高い土にするには　**20**

（2）上手な肥料のやり方…… **21**

　野菜の種類に合わせる　**21**

（3）上手な石灰のやり方…… **22**

　消石灰、苦土石灰、有機石灰を使い分ける　**22** ／やってはいけない石灰の使い方　**23**

（4）上手な堆肥のやり方…… **24**

　堆肥は年１回コツコツと入れる　**24** ／完熟堆肥を早めに施す　**24**

　カコミ オール10の化成肥料を使う理由　**25**

❹ 上手に発芽させる ………………………………………………………………… **26**

（1）いろいろある　タネの種類…… **26**

　タネの種類一覧　**26** ／タネの選び方　**27**

　カコミ 去年買ったタネは今年も使えるの？　**27**

（2）発芽に必要なのは温度・水・空気…… **28**
　　発芽の三要素は温度・水・空気　**28** ／夏野菜は温度、秋冬野菜は水に注意　**29**
（3）タネ播きのタイミング…… **30**
　　春播きは人より遅く、秋播きは人より早く　**30** ／
　　秋冬野菜はタネ播きから収穫までの日数で決まる　**30**
　　冬の低温がハードルにならないホウレンソウとレタス　**31** ／春に収穫する野菜　**31**
（4）野菜が好きな植え床…… **32**
　　育苗するかしないかは根のタイプに応じて決める　**32**
　　ポットに鉢上げして細根が多く丈夫な苗をつくる方法　**33** ／水管理が難しいセルトレイ育苗　**33**
（5）上手に発芽する播き方のコツ…… **34**
　　植えるときにひと工夫　**34** ／硬実種子はタネにひと工夫　**34**
（6）上手な苗のつくり方…… **35**
　　大事なのは土、水やり、光　**35**

⑤ 天気を読んでうまく育てる ……………………………………………………………… **36**
（1）一年の気候の読み方と気をつけること…… **36**
（2）大雨、強風、台風のときどうする？　——品種選びを中心に…… **38**
　　強風でも倒伏しにくい品種選び　**38** ／台風通過後の殺菌剤と葉面散布剤　**38**
　　台風被害後でも遅播きできる品種で播き直し　**39**
　　雨の影響を受けにくい品種でホウレンソウの湿害対策　**39**

⑥ 病害虫・生理障害対策 ………………………………………………………………… **40**
（1）病害、虫害、生理障害の違い…… **40**
（2）病害対策…… **40**
　　ウイルス病　**40** ／細菌病　**41** ／菌類による病気　**41**
（3）害虫対策…… **42**
　　主な害虫は3種類　**42** ／雨が続けば病気が出る、天気が続けば虫が出る　**42**
（4）生理障害対策…… **43**
　　カルシウム欠乏症　**43** ／ホウ素欠乏症　**43**
（5）無農薬栽培できる野菜と時期…… **44**
　　夏播きのニンジンとタマネギ　**44** ／12〜3月播きホウレンソウ　**44**
　　秋播きキャベツ　**44**
（6）実際に試してよかったコンパニオンプランツ…… **45**
　　アブラナ科とレタス　**45** ／スイカとネギ　**45**
　　カコミ ウソのように発芽がよく揃う話　**46**

2章　栽培実践編

果菜類 ………………………………………………………………………………………… **48**
　トマト…… **48**
　ナス…… **52**
　ピーマン…… **56**

キュウリ…… 60

カボチャ…… 64

スイカ…… 68

メロン…… 72

イチゴ…… 74

カコミ 日持ち優先のイチゴ育種事情　75

オクラ…… 78

ソラマメ…… 80

エダマメ…… 82

エンドウ…… 84

インゲン…… 86

トウモロコシ…… 88

葉菜類 ………………………………………………………………………… 90

キャベツ…… 90

カコミ 間引くべきは葉色の濃い苗　91

ハクサイ…… 94

カコミ 晩生は早く、早生は遅く播く　95

ブロッコリー（カリフラワー）…… 98

漬け菜 (非結球アブラナ科)…… 100

ホウレンソウ…… 102

カコミ やせている畑はカリやチッソも効きにくい　103

ネギ…… 106

カコミ 関東系の白ネギと関西系の青ネギ　107

レタス…… 110

カコミ 新感覚の肉厚リーフレタス「バリサラ」　111

根菜類 ………………………………………………………………………… 114

ニンジン…… 114

カコミ ニンジンの品種選び　115

ダイコン…… 118

カコミ ダイコンの品種選び　119

カブ…… 122

ゴボウ…… 124

カコミ サラダゴボウは３カ月で収穫できる　125

タマネギ…… 128

ジャガイモ…… 132

サトイモ…… 136

サツマイモ…… 140

カコミ サツマイモの品種の使い分け　141

作目別さくいん

*数字は、野菜の名前が出ているページです。
*太字は、タネ播きから収穫までくわしく解説している記事の始まりページです。

果菜類

イチゴ ……………………………………… **74**
インゲン ……………………… 12, 13, 21, **86**
ウリ類 ……………………………………… 34
エダマメ ……………………………… 26, 36, **82**
エンドウ …………………………………… **84**
オクラ ……………… 11, 26, 32, 34, 38, 46, **78**
カボチャ … 12, 13, 28, 29, 32, 34, 41, 46, **64**
カンピョウ ………………………………… 34
キュウリ ……… 10, 12, 13, 18, 27, 32, 38, 40,
　　41, 45, **60**
ゴーヤー (ニガウリ) ………………… 26, 34, 46
サヤエンドウ …………………………… 13, **84**
スイカ …… 10, 13, 23, 28, 34, 41, 45, 46, **68**
ソラマメ ……………………………… 13, 21, **80**
トウガン …………………………………… 34, 46
トウモロコシ ……… 11, 13, 32, 36, 38, 46, **88**
トマト …… 9, 10, 12, 13, 18, 21, 27, 32, 41,
　　43, **48**
ナス ………………… 9, 10, 12, 13, 32, 41, 43, **52**
ナタマメ …………………………………… 34, 46
ピーマン ……………………………… 29, 41, 43, **56**
ヘチマ ……………………………………… 34
マメ類 ……………………………… 21, 26, 27, 32
ミニトマト ………………………………… 10
メロン ……………………………………… 10, **72**

葉菜類

アスパラガス ……………………………… 23
カリフラワー ……………… 11, 16, 30, 32, 37, **98**
キャベツ ……… 10, 12, 16, 30, 31, 32, 37, 38,
　　40, 41, 43, 44, 45, **90**
コマツナ ………… 12, 16, 30, 43, 44, 45, **100**
シソ ……………………………… 11, 27, 28, 32
シュンギク ……………………………… 11, 45
セロリ ……………………………… 11, 28, 32
チンゲンサイ ………… 12, 16, 30, 43, 45, **100**
漬け菜 (アブラナ科葉物) …………… 32, **100**
ネギ… 10, 11, 13, 16, 27, 31, 37, 43, 45, **106**

ハーブ ……………………………………… 32
ハクサイ ……… 10, 11, 12, 13, 16, 22, 30, 32,
　　37, 39, 40, 43, 45, **94**
パクチー …………………………………… 34
バジル ……………………………………… 32
パセリ …………………………………… 27, 32
ブロッコリー … 11, 12, 16, 26, 30, 32, 37, **98**
ホウレンソウ ……… 16, 21, 22, 23, 26, 27, 31,
　　32, 34, 37, 39, 44, 46, **102**
ミズナ ……………………………………… 30, 45
葉菜類 ……………………………………… 26, 27
レタス … 11, 13, 16, 26, 28, 31, 32, 34, 45, **110**

根菜類

カブ……… 11, 12, 15, 16, 17, 29, 32, 37, 39,
　　43, 45, **122**
ゴボウ…… 11, 16, 17, 26, 27, 31, 32, 34, 37,
　　124
サツマイモ ……………………………… 23, **140**
サトイモ …………………………………… **136**
ジャガイモ ……………………… 12, 13, 23, **132**
ダイコン …… 10, 11, 12, 14, 15, 16, 17, 19,
　　21, 23, 24, 26, 27, 28, 29, 30, 32, 37, 39,
　　41, 43, 45, **118**
タマネギ……… 10, 11, 16, 21, 23, 26, 31, 37,
　　44, **128**
ニンジン………10, 11, 13, 14, 15, 16, 17, 19, 26,
　　27, 29, 30, 31, 32, 34, 36, 37, 44, 45, **114**
ニンニク …………………………………… 45
ネギ類……………………………………… 11
ラッキョウ ………………………………… 45

その他

アサガオ ……………………………… 26, 34
キンギョソウ ……………………………… 34
シバ ………………………………………… 27
ツリガネソウ ……………………………… 34
トルコギキョウ …………………………… 34
ワタ ………………………………………… 34

1章

絵とき

タネ屋がこっそり教える

野菜づくりの秘密

① 形がわかればつくり方がわかる

（1）形がわかれば原産地がわかる

クスリをかけても
なおらないぞ
おかしいな

お尻が黒く腐ってきた

皮が裂けた

野菜が水をたくさんほしがるのか乾燥が好きなのか、暑くても平気か、少し寒くても平気なのかなどは、それぞれの野菜の生まれ故郷、つまり原産地の気候風土を見ればわかります。これを知ると野菜づくりの腕が上がりますよ

市川種苗店　店主

カチコチ

石みたいにカタイ
（石ナス）

色が
変わってきた

ご主人さま
これは
いち大事ですぞ

いざ！
トマトの故郷へ!!

南アメリカアンデス山脈

寒暖の差がはげしい気候で
雨が少なく乾燥している。
多日照で、礫（れき）を含
んだ水はけのよい土壌

原産地によってずい
ぶん気候風土が変わ
り、それによって野
菜の姿も変わります。
次のページでくわし
く見てみましょう

ゴロゴロした黄色い土

年中暖かく雨の多い気候。
河川が氾濫して流された
土が堆積した肥沃な土地。
重く保水力のある土

ナスの故郷だ！

インド東部

草が旺盛に生えていて、黒々とした肥えた土

（2）葉の形

原産地の湿度と水分によって進化!?

作物の生育温度は 15 〜 30℃くらいで原産地による違いはそれほどありません。一方、湿度や水分は、大陸内部と海岸周辺では天と地ほどの開きがあります。つまり栽培特性のばらつきは主に原産地の湿度や水分に支配され進化したものといえます。

葉の形で原産地の水量がわかる

大きく、広く、毛がある葉＝水が好きな野菜

小さく、切れ込んで、ツルツルの葉＝乾燥が好きな野菜

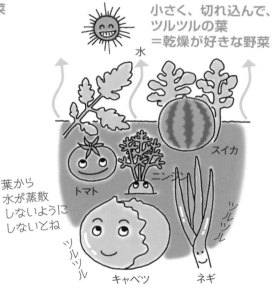

原産地が雨が多い野菜は、どんどん蒸散させても平気だから葉は広く大きい。表面積をできるだけ大きくしたいから、毛も生えてくる。一方、雨が少なくなると生育が悪くなる。ナスは硬く色が悪くなり、ハクサイは結球が乱れ、ダイコンは苦く肌がガサガサに。キュウリは曲がり、味も悪くなる

原産地が乾燥している野菜は、水をできるだけ大切にし、葉から蒸散しないように葉は小さくなったり切れ込んだりする。また、表面積を小さくしたいため突起が少なくツルツルになる。長雨には弱く、スイカ、メロン、トマト、ミニトマト、ニンジン、キャベツ、ネギ、タマネギなどは味が悪くなったり、色が悪くなったり、病気になりやすい

(3) 根の形

葉は水分の出口、根は入り口

葉は水分の蒸散に深くかかわるのに対し、根は水分や養分の吸収に深くかかわります。葉は出口、根は入り口。根は地中に深く張って、葉からの水の蒸散に従い水分や養分を吸収します。根の形は主に原産地の土壌条件により進化したと思われます。葉からの蒸散が旺盛であればそれに見合うだけの吸収をするために広い根系が必要で、原産地が乾燥気味であれば深く、湿潤であれば浅めに広く発達したといえます。

レタス　ハクサイ

キミたち
似ているみたいだけど
根は全然違うんだね

根の形で直播きか、移植かが決まる

ひげ根タイプ＝苗つくり＋移植が基本

シソ　レタス　シュンギク　セロリ
ブロッコリー
カリフラワー　ネギ
タマネギ

ひげ根が旺盛に発達した野菜は、根が切れても再生する。移植すれば根が切れて、新しい根がどんどん出るので根張りがよくなる。ネギ類をはじめ、レタス、シュンギク、セロリ、シソはひげ根タイプで移植に強く、ブロッコリーは直根タイプだが根の再生力が強く移植に強い。ブロッコリーに似ているカリフラワーは根が弱く、再生力も劣るので移植は慎重に

直根タイプ＝直播きが基本

ゴボウ　ニンジン　ダイコン　オクラ　ハクサイ
カブ

根を
切らないでー

ハクサイは移植を
やめて直播きに切
り替えると芯腐れ
がピタリと止まる

直根が発達した野菜は、地表が乾燥しても地下の水分を吸えるので強いが、移植を非常に嫌う。ゴボウ、ニンジン、ダイコンなどはもちろん、ハクサイも直根タイプなので移植しないほうが後半の生育が旺盛になる。直根タイプのオクラは特に根がもろく少ないので、できるだけ直播きがいい。トウモロコシはひげ根タイプだが、再生力が劣るので直播きがいい

（4）花の形

花の形でグループ（科）がわかる

花の形を見れば、同じグループ（科）だとわかります。ダイコンやハクサイなどのアブラナ科の花は
バラバラに分かれた4枚の花弁が十文字につながっています。トマトやナス、ジャガイモなどのナス
科は花弁がくっついて似たような形をしています。

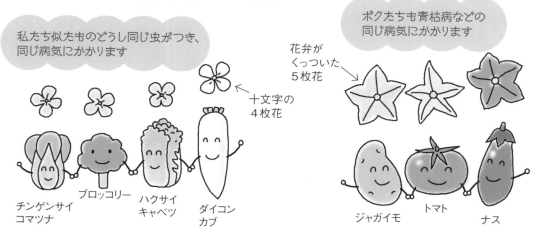

私たち似たものどうし同じ虫がつき、
同じ病気にかかります

ボクたちも青枯病などの
同じ病気にかかります

花弁が
くっついた
5枚花

十文字の
4枚花

チンゲンサイ
コマツナ

ブロッコリー

ハクサイ
キャベツ

ダイコン
カブ

ジャガイモ

トマト

ナス

同じグループの野菜は虫や病原体から見ると同じように見える

同じグループの野菜は、だいたい似たような性質を持ち、同じ虫がつき、同じ病気にかかります。特
にナス科、ウリ科、マメ科などではグループ内で連作障害が問題となります。この特徴を知っている
と、同じグループどうしを離して植えるだけで、野菜に病気や虫がつきにくくなり、連作障害も回避
できます。

虫は同じグループの野菜がどれも好き

アオムシ

ハクサイ　キャベツ　ダイコン
カブ

アブラナ科

キャベツが好きなアオムシは同じアブラナ科
のカブやダイコン、ハクサイも食べる

同じグループの病気はうつりやすいけど、
違うグループならうつりにくい

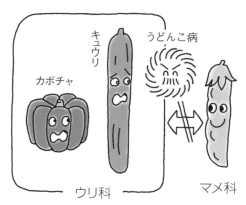

カボチャ

キュウリ

うどんこ病

ウリ科

マメ科

キュウリに発生したうどんこ病は、同じウリ科のカ
ボチャにうつる。しかし、マメ科のインゲンで発生
したうどんこ病は、グループが違うためウリ科のキュ
ウリにはほとんどうつらない

これを覚えておけば連作障害が防げる
花の形でわかる野菜のグループ（科）分け

（写真はすべて農研機構提供）

ナス科

トマト

ジャガイモ

ナス

ウリ科

キュウリ

スイカ

カボチャ

マメ科

インゲン

ソラマメ

サヤエンドウ

イネ科　　　　ヒガンバナ科　　　キク科

トウモロコシ

ネギ

レタス

セリ科　　　　バラ科　　　　　アブラナ科

ニンジン

イチゴ

ハクサイ

② 食べる部位でつくり方がわかる

（1）野菜の一生を知る

野菜は発芽したあとに根を伸ばして茎葉を生長させ、花を咲かせ、実を結んで一生を終えます。私たちは、このうちの根や茎葉、果実をいただいているわけです。野菜の一生の育ち方は決まっています。これを知ることが野菜づくり上達の極意です。ダイコン、ニンジンを例に見てみましょう。

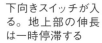
ダイコンの一生

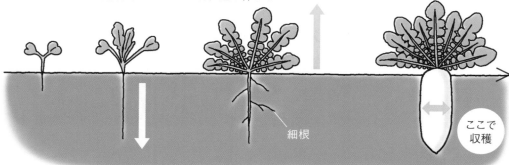

下向きスイッチが入る。地上部の伸長は一時停滞する

上向きスイッチに切り替わる。葉が増え、茎が伸びる

根の肥大が始まる。地上部の伸長は一時停止

細根

ここで収穫

発芽　　直根伸長期　　地上部伸長期　　地下部肥大期

水分が多すぎると根が酸欠となり短根になる

かなり水分が必要

育ち方のスイッチの切り替わり方はダイコンと同じだけど水のほしがり方が真逆だな

ニンジンの一生

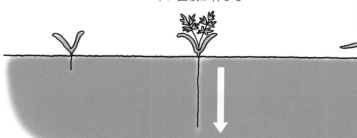

下に直根が伸びる

上に茎葉が伸びる

発芽　　直根伸長期　　地下部伸長期

乾燥すると短根になる。水分はやや多めに必要

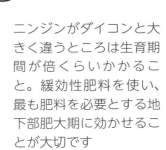

カブの一生

カブもスイッチの切り替わり方はダイコン、ニンジンとほとんど同じですが、カブは収穫まで1〜1.5カ月と短いです。カブは茎なので、地下部肥大期には茎が丸くなります

ニンジンがダイコンと大きく違うところは生育期間が倍くらいかかること。緩効性肥料を使い、最も肥料を必要とする地下部肥大期に効かせることが大切です

※栄養生長と生殖生長：葉や茎などの栄養器官のみを茂らせる生育を栄養生長といい、開花や結実などの生殖にかかわる生育を生殖生長という

低温で花芽分化・トウ立ちスイッチが入る前に地下部の肥大を終えるようにタネを播くことが大切

低温

栄養生長から生殖生長にスイッチが切り替わる

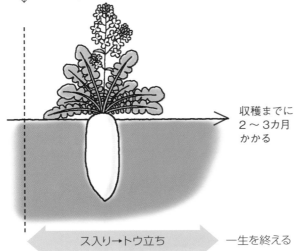

収穫までに2〜3カ月かかる

花芽分化

ス入り→トウ立ち　　一生を終える

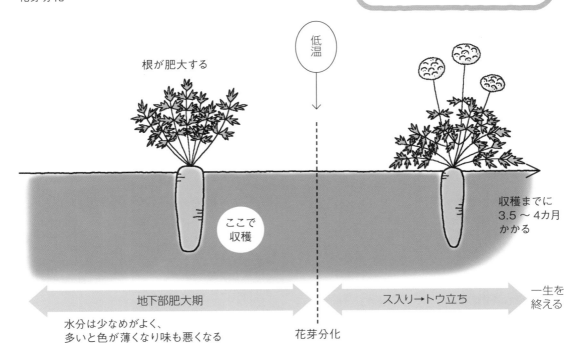

根が肥大する

低温

ここで収穫

収穫までに3.5〜4カ月かかる

地下部肥大期

水分は少なめがよく、多いと色が薄くなり味も悪くなる

花芽分化

ス入り→トウ立ち

一生を終える

15

(2) 葉を食べる野菜

トウ（花茎）を立たせない

葉菜類のポイントはトウ立ちさせないこと
です。花芽がつくと花芽に養分が回って、
葉に回る養分がストップしてしまうので、
葉が硬くなったり、本来の大きさにならな
かったり、色が悪くなったり、味が極端に
悪くなってしまいます。

トウ立ちには大きく2つのタイプがある

主にアブラナ科の葉菜類は、冬の低温にあたると花芽分化スイッチが入り、その後、春の高温と長
日でトウ立ちスイッチが入りトウが立ちます。この低温センサーが働くタイミングの違いによって
「シードバーナリタイプ」（種子春化型）と「グリーンプラントバーナリタイプ」（緑植物春化型）2つの
タイプに分かれます。

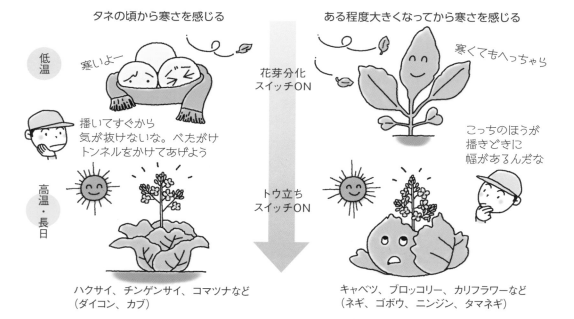

シードバーナリタイプ
タネを播いた直後から低温センサーが働くので、タネ
播きから収穫まで一時も気が抜けない。タネ播きか
ら収穫まで、あるいは温度が上昇するまでトンネルや
不織布をかけっぱなしにするとトウ立ちを回避できる

例外
レタスは高温で花芽分化とトウ立ちが進む。ホウレ
ンソウはタネ播きしたあと15〜30日で花芽分化し、
長日でトウ立ちが進む

グリーンプラントバーナリタイプ
タネ播きしても、ある程度生長しないと低温セン
サーが働かない。ある一定の大きさ以下で冬越しす
れば、春のトウ立ちを回避できる。低温を感じる苗
の大きさは野菜や品種によって多種多様。早生系ほ
ど大きな状態で冬越しさせ、晩生系ほど小さな状
態で冬越しさせる

（3）根を食べる野菜

根を一発で完成させる

根菜は肥大した直根を食べる野菜です。直根がタテに伸びてから横に肥大するので、直根が正常にまっすぐ伸びたかどうかが勝負です。生長中の直根の異常は、一度発生したら治りません。

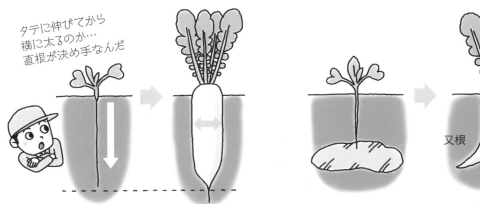

タテに伸びてから横に太るのか…直根が決め手なんだ

又根

水はけが悪く地下水位が高いと又根になる。根の直下に異物（れき、有機物、肥料）があるときも又根になる。十分な耕起と高ウネが最良の解決策

トウ立ちさせない

根菜類の栽培ポイントもトウ立ちさせないこと。トウ立ちさせると根へ回る養分が足りないので、根が硬くなってしまいます。トウ立ちは低温による花芽分化と春の気温上昇と長日で起こります。トウ立ちさせないためには、トウ立ちまでに肥大を終えるか、トウ立ちセンサーが働かないようにタネを播く時期を選ぶかの二者択一です。

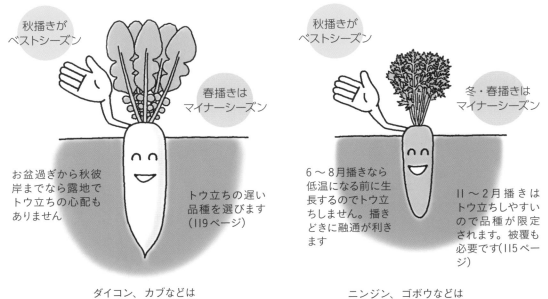

秋播きがベストシーズン

春播きはマイナーシーズン

お盆過ぎから秋彼岸までなら露地でトウ立ちの心配もありません

トウ立ちの遅い品種を選びます（119ページ）

ダイコン、カブなどはシードバーナリタイプ

秋播きがベストシーズン

冬・春播きはマイナーシーズン

6〜8月播きなら低温になる前に生長するのでトウ立ちしません。播きどきに融通が利きます

11〜2月播きはトウ立ちしやすいので品種が限定されます。被覆も必要です（115ページ）

ニンジン、ゴボウなどはグリーンプラントバーナリタイプ

（4）実を食べる野菜

トマトやキュウリなど、実を食べる野菜類は積極的に花芽分化して、そのあと開花結実してもらうことで収穫ができる野菜です。花が咲くのは「老い先短し」と野菜が自覚して、早く子孫（タネ）を残そうと判断したとき。チッソ分が多すぎると花が咲かなかったり落果したりして、栄養生長から生殖生長へうまく進みません。

 トマト

3番花房

2番花房

1番花房

定植

1番花房着果

1番花が着果したら栄養生長と生殖生長が同時に進むので追肥を効かせていく

これより前にチッソ分が多すぎると花がつきにくく、咲いても落ちてしまう。果実がつかないと果実の負担がかからないので、以降の果実もつきにくくなる

1番花が着果するまではチッソはガマン、ガマン

 キュウリ

やや少日照でも降雨が多くても実がつきやすい

生殖生長への切り換えスイッチは開花、受精してタネができると初めてオンになり、果実の肥大が始まります。しかしキュウリはタネができなくても結実します。これを単為結実といいます

キュウリは初心者向きなのだ

カコミ 知って得する　季節を勘違いさせて、トウ立ちを防ぐワザ

季節外れのサクラはトウ立ちと同じ

　初冬なのに季節外れのサクラの開花が話題になることがあります。暖冬でしばしば目にする現象です。いうまでもなく、低温期の異常な気温上昇を「春が来た」と錯覚したからでしょう。じつは秋冬野菜のトウ立ちの原理もほとんど同じです。

　サラリと書きましたが、このサクラの例がとても重要なのです。もし野菜にもサクラと同じように季節を錯覚させられれば、花芽分化やトウ立ちを起こすこともできますし、逆にスイッチが生殖生長に切り替わらないように制御することもできます。「低温が問題なら、温度を上げればよい」「日長が問題なら、シェード（暗くして日照時間を短くする方法）で短日にするか、夜間照明をして長日にすればよい」ということです。多くの場合、日長のコントロールは難しいので、温度のコントロールが主になります。

べたがけ、トンネル、ハウスで温度コントロール

　冬期の温度を上げる方法には、べたがけやトンネルなどの被覆栽培、ハウス栽培があります。それぞれ温度コントロールできる期間が違います。以下に私見ではありますが、それぞれの温度コントロールできる期間を書いてみましょう。
- 不織布などのべたがけで半月〜3週間
- ポリやビニールなどのトンネルで1カ月前後
- ハウスで2カ月以上

　たとえば、ダイコン（タキイの「三太郎」）の秋播きと春播きを考えてみましょう。

　私の住む長崎県佐世保市の場合、露地では10月中旬までが秋播きの限界となります。しかし、タネを播いた直後から不織布をかけると11月上旬まで、トンネルをかけると11月中旬まで延長できます。ハウスなら、春まで播けます。

　一方、春播きは露地だと3月下旬からしかタネ播きできません。しかし、不織布をかけると3月上旬から、トンネルをかけると2月から播けます。ハウスならもっと早くできます。

　このように露地のタネ播きの限界がわかっていて、トウ立ちが単純な温度のコントロールで解決するなら、「いつ播けるか」がわかります。ぜひタネを播く時期を決めるときの目安にしてみてください。ただし、品種間で敏感さや鈍感さにかなり差があるので、本格的に栽培する前に、まずは1回試作して限界を確かめる必要があります。

高温で花芽分化をキャンセル

　じつはべたがけやマルチなどで被覆しても、夜間は外気温とほぼ同じ温度になっています。しかし、日中、短時間でも高温（春ダイコンでは20℃以上）になれば、たとえ花芽分化していても、それをキャンセルできます。夜間の低温による影響を昼間の高温で打ち消すことができます。この現象をディバーナリゼーション（脱春化）といい、冬から早春播きのダイコンやニンジンにビニールトンネルをかけることで積極的に利用されています。

　ただし、高温の程度や品目品種による違いなど、くわしいことはまだわかっていません。いずれにせよ、いったん低温センサーが働いたあとでも、花芽分化をリセットできる余地があるというのは、たいへん興味深いことだと思います。

③ 土づくりと施肥の上手なやり方

（1） 土づくりと施肥

肥料だけでは野菜はできない

同じ肥料を
やってるのに
畑によって
育ちが違うぞ

10-10-10

肥料が切れた

肥料をやっていれば野菜が育つわけではない。肥料を施しても、肥持ちする畑と肥切れの早い畑とがある

肥料は土にいったん保持される

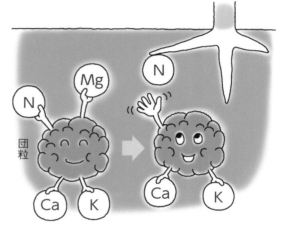

団粒

土に施された肥料分は土にいったん保持され、少しずつ作物に供給される。その役目を果たしているのが団粒。土が団粒化すると肥料分を保持する保肥力が高まり、肥持ちのよい畑になる

保肥力の高い土にするには

堆肥

全層施肥

保肥力を高めてくれるのが堆肥（有機物）と微生物。微生物は堆肥を分解して腐植をつくり、その腐植が粘土にくっついて団粒ができる。そして肥効を持たせるには肥料が土に保持されるように、全体によく混ぜること（全層施肥）

黒土と赤土

黒ボクとも呼ばれる黒土は、火山灰土に腐植が堆積した黒っぽいホクホクとした土。有機物が多いので保肥力が高い土です。一方、筆者の地元・佐世保近郊の赤土は鉄分が多く、酸化鉄の色で赤っぽい土となっています。鉄とアルミニウムがリン酸を吸着するので、リン酸が効きにくいのですが、堆肥と混ぜて施すと効きやすくなります。

（2） 上手な肥料のやり方

野菜の種類に合わせる

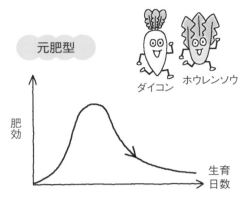

元肥型

肥効

生育日数

生育期間が2カ月以内の葉根菜がこのタイプ。緩効性肥料の元肥だけで、保肥力により2カ月くらいまで肥効が持つ

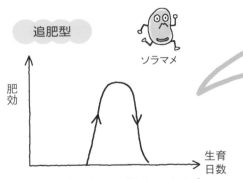

追肥型

ソラマメ

肥効

生育日数

チッソ固定をするマメ類がこのタイプ。実がつき始めたら追肥する

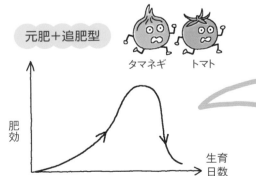

元肥＋追肥型

タマネギ　トマト

肥効

生育日数

タマネギなど、植え付け後3カ月以上かかる葉根菜やトマトなどの果菜がこのタイプ。緩効性肥料で元肥を効かせつつ、速効性肥料で追肥も切らさない

すぐに追肥を効かせたいときは速効性肥料か液肥、葉面散布

ソラマメやインゲンなど着果直後などに急速な肥効が必要なときには、速効性肥料を追肥します。液肥は応急的に使うのがいいです。

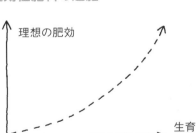

肥効を持続させたいときは緩効性肥料の元肥と速効性肥料の追肥

理想の肥効

生育日数

こうすれば作物が大きくなるのに合わせて肥効も続く。

（3）上手な石灰のやり方

消石灰、苦土石灰、有機石灰を使い分ける

石灰はいろいろな種類がありますが、どんな石灰をいつ使えばいいのか、よく質問されます。

石灰は酸度を調整し、カルシウムを補給してくれる

消石灰は一週間前、苦土石灰は数日以上前、有機石灰は直前でOK

1週間前までに散布

ホウレンソウの最適pHは7.3〜8.2。日本の土は酸性になりやすいので、ホウレンソウをつくるときには毎作石灰が必要。ハクサイを切ったときに芯が黒ずんでいるのは芯腐れ症。カルシウム欠乏で起こる。乾燥によって引き起こされることも多い

石灰はアルカリ分が多いほど土の酸性を強く矯正するが、根焼けなどの障害も起きやすい。タネ播きや作付けまでの時間は石灰のアルカリ分によって決まる

消石灰はすばやく土と混ぜる

空気に触れると二酸化炭素を吸収して、炭酸カルシウムに変わり固まってしまうので、まいたらすばやく土とよく混ぜる。苦土石灰よりは水にやや溶け、強アルカリ性を示すので酸性土壌の改良に向く

〈メリット〉
消石灰は苦土石灰よりも強アルカリ性のため、少量で酸性土壌の改良効果は石灰肥料の中で最強。強アルカリ性のため、ウイルスへの殺菌効果はあるが、普通の病害虫へは農薬を散布するほうが効果がある

〈デメリット〉
石灰は土を硬くするといわれるが、有機物を補えば問題はない。使いすぎると土がアルカリ化し、マンガンやホウ素の欠乏を引き起こすことがある。強アルカリ性のため、目や皮膚に強い刺激がある

苦土石灰、有機石灰はすぐ作付けできる

土のpHを上げる力は
ゆるやかなので
すぐ作付けできます

主成分
炭酸カルシウム
CaCO₃
炭酸マグネシウム
MgCO₃
アルカリ性 (pH9)

主成分
炭酸カルシウム
CaCO₃
アルカリ性 (pH9)

※有機酸や炭酸を含
む水に溶けて徐々
に肥効を発揮する

名前は違うけど、
どっちも主な成分は
炭酸カルシウムなんだな

〈苦土石灰〉
苦土石灰はカルシウムの次に重要な成分のマグネシウムも同時補給できる点で消石灰より優れている。短時間で定植やタネ播きができる点も有利。炭酸分が含まれているぶん、同じ重量中のカルシウムが少ないので酸度調整のためには消石灰の倍くらいの量を施肥する必要がある

〈有機石灰〉
有機石灰は原料が牡蠣などの貝殻なので、もともと海水中にあった、ホウ素、マンガン、鉄、亜鉛など主要な微量要素がほとんど含まれている。また、不純物が多く粒が大きいのでじっくり長く溶けて反応も穏やかなため、施肥して時間を置かずタネ播きや定植ができる。苦土石灰より高価で、酸度矯正には消石灰の倍くらいの施肥が必要

やってはいけない石灰の使い方

石灰と堆肥の同時散布はしない

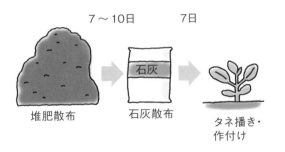

7〜10日　　　7日

堆肥散布　　石灰散布　　タネ播き・
　　　　　　　　　　　　作付け

石灰と堆肥を同時に散布すると、堆肥中のチッソがアンモニアガスとなって逃げてしまう。葉にガス障害も起こる。硫安などのチッソ肥料でも同じなので、同時に施さないことが基本だが、石灰の白さが見えなくなるくらいに耕してから肥料を施すと、土がバリアとなりチッソのガス化が起きにくくなる

石灰不要の作物、必要な作物

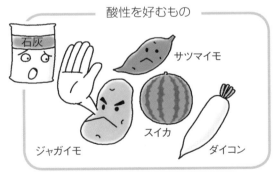

酸性を好むもの

サツマイモ

ジャガイモ　　スイカ　　ダイコン

酸性を嫌うもの

ホウレンソウ　アスパラガス　タマネギ

サツマイモ、ジャガイモやスイカ、ダイコンは酸性に強いので石灰は必要ない。特にジャガイモはpHが高くなるほどそうか病が発生しやすくなる。水田裏作や前作がない畑は少し石灰を入れる

（4）上手な堆肥のやり方

堆肥は年1回コツコツと入れる

堆肥は土づくりの積み立て預金

私は毎年少しずつ減って肥料分も少しずつしか出さないから、毎年コツコツと入れる必要があるの

堆肥

いい土づくりには完熟堆肥が最適だが、土壌中の有機物は毎年数％の割合で分解減少する。また堆肥に含まれる肥料分もすぐに肥効が出るわけではない。少しずつ微生物が堆肥を分解し、その微生物の遺骸が作物が吸収できるアンモニア態チッソや硝酸態チッソなどに変化して初めて肥効が出る。このため、年1回堆肥を入れたほうがよい

水はけも水持ちもアップ、悪い病原菌も抑える

堆肥が微生物のエサとなると…

①団粒ができて水はけ・水持ちがよくなる

②堆肥中の肥料分がジワジワと効く

③微生物が悪い病原菌を抑えてくれる

堆肥は微生物のエサとなり、微生物によって団粒構造ができ、保肥力や保水力が増し、水はけもよくなる。さらに、微生物が悪い菌を抑制して、病気や連作障害の発生を防ぐ効果もある

完熟堆肥を早めに施す

根菜類には一作から半年前に投入

未熟堆肥

害虫の卵や幼虫、病原菌となるカビが多い

未熟堆肥には病原菌となるカビ（糸状菌）や害虫の卵、幼虫が多く、病害虫発生の原因にもなる。キスジノミハムシが発生して食害でダイコンの肌が汚くなるので、特に根菜類は注意が必要

未熟堆肥の土中混和は根傷みとチッソ飢餓の元

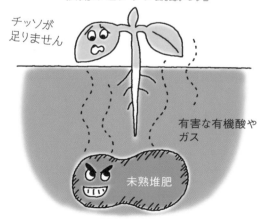

チッソが足りません

有害な有機酸やガス

未熟堆肥

未熟堆肥は分解するときに、エネルギー源として土のチッソを吸収して、野菜が吸収するはずのチッソまでとってしまう。また、分解するときにアンモニアなどの有毒ガスや有機酸が発生し、根傷みを起こしやすい。完熟堆肥は作付け2～3週間前、未熟気味なら半年前に施す

オール10の化成肥料を使う理由

1m²あたりチッソ施肥量は10aチッソ成分を10倍するだけ

　本書では施肥量を、オール10の化成肥料（10：10：10）を基準にして表しています。いうまでもなく、10：10：10は肥料成分の含有率ですから、チッソ（N）、リン酸（P）、カリ（K）の三大要素が10％ずつ入っています。見通しのよさや暗算できる利便性を考えて、この肥料を基準にしました。オール10の化成肥料はオール8などより施肥量の計算がしやすいということです。どういうことか、見てみましょう。

　たとえば、「チッソ成分で10aあたり7.5kg施肥する」という場合、8：8：8の成分比の化成肥料20kgなら7.5÷（20×0.08）＝4.7袋必要という計算をします。家庭菜園では、10a＝1000m²、1kg＝1000gなので、1m²あたり7500÷1000÷0.08＝94g必要となります。これがオール10なら（10％なので）、必要な10aチッソ成分を単純に10倍すれば、1m²あたりの施肥量が出ます。つまり10aあたり7.5kgを10倍した75がそのまま、1m²あたりの施肥量75gになるということです。

ほとんどの作物は一握りを4〜8回振ればいい

　もっというと、オール10を使えば計算しなくても、ほとんどの作物の施肥量は1m²あたり100〜250gでいいと思っています。一握りが25〜30gですから、4〜8回ほど振ればいいことになります。

　私は、作物の収量が10aあたり2〜8tであれば、水分を除いた乾物収量は約10％として10aあたり200〜800kgであり、そこに含まれるチッソ分は3％であることから、10aあたり必要なチッソ量は6〜24kg。わかりやすくすればおよそ10〜25kgだと考えています（元肥に追肥を加えた全量）。つまり家庭菜園では1m²あたり100〜250gとなります。250gを超えて必要な場合とは、茎葉を含めた全収量が10aあたり10tを大きく超える場合や収穫までの期間が長く、流亡して施肥効率がかなり低い場合などしか考えられないことから、ほとんどの作物でこの施肥量の目安はあてはまると思っています。

　一握りの量（25〜30g）も、私や妻の手のひらで実際にいろんな肥料を何度も力の入れ方も変えながら握って量った結果なので、なかなかよい目安だと自負しています。

④ 上手に発芽させる

（1）いろいろある　タネの種類

タネの種類一覧

タネの種類	特徴	こんな時使う	浸水処理の可否	野菜のタイプ
生種（きだね）	・大きさ、色合い、重さ、形などを選別し、発芽試験を完了したもの ・発芽が容易なタネ	・安価でコストをかけられないとき	・オクラ、ゴーヤー、アサガオなど硬実種子以外は必要なし。種子消毒や着色されたタネは浸水してはいけない	ニンジン、ゴボウ、タマネギ、菜類、マメ類、ダイコンなど
コート種子	・タネを粘土鉱物などで包んで丸く整形、播きにくい形のタネが播きやすくなる ・選別したタネを使っているので発芽率もいい	・育苗トレイで生育を揃えたいとき ・タネが小さく、播きにくいとき ・播種機で均一に播きたいとき	・一般に浸水してはいけない	ニンジン、レタス、ブロッコリー、タマネギなど
フィルムコート種子	・種子粉衣では薬剤が付着しにくいので、プラスチックフィルムに薬剤を混ぜて安定化したもの	・タネが大きいエダマメなど、粉衣処理で不均一になりやすい種子消毒に使われる（安価なダイズにはコストがかかるので使用されない）	・一般に浸水してはいけない。種子消毒が意味をなさなくなる	エダマメ
プライミング種子	・わずかな水分を吸わせて発芽準備が始まった状態で止めている ・スタートの準備が整っているので発芽のタイミングが合わせやすい（特許なので詳細不明）	・接ぎ木のタイミングを揃えたいとき ・硬い皮のタネの発芽を揃えたいとき	・水に浸ける必要はない ・発芽促進処理済みのため、逆に出芽率が落ちる	ホウレンソウ
ネーキッド種子	・硬いタネの皮を完全に取り除いたもの	・発芽しにくい硬い皮のタネを発芽させたいとき	・タネの皮が休眠や環境変動からの保護機能を持つとき、これをはぎとることは逆に赤子を保育器から砂漠へほうり出すようなもの	ホウレンソウ（ほとんど使われなくなってきている）

タネの主流はいまだに生種とコート種子。写真はレタスのタネ

タネの選び方

水に浸けていいタネ、浸けなくてよいタネ

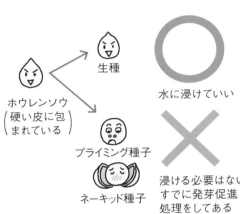

ホウレンソウ
（硬い皮に包まれている）

生種

プライミング種子

ネーキッド種子

◯ 水に浸けていい

✕ 浸ける必要はない
すでに発芽促進
処理をしてある

ホウレンソウはタネを水に浸けて播くとよいといわれるが、これは昔の話。種皮をむいたり、ブラッシングにより傷をつけたりしてあるタネは普通のタネと同じ程度の水分で十分に発芽する。浸漬処理の必要はまったくなくなった。逆にしないほうがよい

発芽に時間がかかるタネは生種がおすすめ

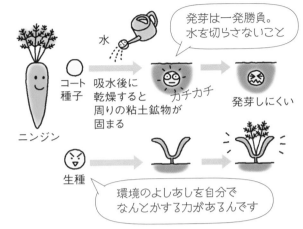

水

発芽は一発勝負。
水を切らさないこと

ニンジン

コート種子

吸水後に乾燥すると周りの粘土鉱物が固まる

カチカチ

発芽しにくい

生種

環境のよしあしを自分でなんとかする力があるんです

ゴボウやパセリなどもこの仲間

ニンジンは赤土などの乾きやすい土質の畑ではコート種子より生種のほうがいい。ニンジンはタネを播いてから発芽まで8日もかかる。コート種子はその間に乾くと周りの粘土鉱物が固まって発芽しにくくなる。ニンジンやゴボウのタネには二次休眠といって、環境が悪いと自ら休眠してやり過ごす能力もある

カコミ 去年買ったタネは今年も使えるの？

　タネ袋に有効期限が表示してあるのでそれに従うのが基本。ただし、長命種子は保存方法がよければ翌年も十分使える。くわしく見ると……。

①品種による
　◯長命種子（菜類、ダイコン、キュウリ、トマト…）は翌年も使える。
　✕短命種子（ネギ、シソ、シバ、マメ類）は翌年使えない

②保存方法による
　保存の基本は低湿・低温を保つこと。低温だけでは効果が落ちる。低湿のみはかなりよいが、低温、低湿には劣る。

③発芽を確認する
　有効期限はほぼ1年なのでその年にできるだけ使い切ること。やむをえず使用するときは事前に必ず育苗箱やプランターに播いて発芽試験を行ない、発芽力を確認すること。

（2）発芽に必要なのは温度・水・空気

発芽の三要素は温度・水・空気

おかしいな

ちっとも芽が出ない
肥料が足りないのかな？

タネが悪いのかしら

フカフカの土にして、
頑張って
早く播いたのに

→ 発芽に必要なのは肥料ではありません。温度と水と空気です

→ それらで一番大事なのは水。フカフカの土は空気がありますが乾きやすいです

→ 他の条件が揃っても温度が足りないと発芽しません

※特定の野菜では光の影響も受けます。光が発芽を促進するものはセロリ、レタス、シソなど。光が発芽を抑制するものはウリ科、特にカボチャ、スイカなどやダイコンなど

水（湿度）の変化で覚醒スイッチON

水

乾くと発芽
できなくなる

水分が途絶えなければ
発芽までこぎつける

仮死状態のタネが目覚めて細胞分裂を始めるためには水が絶対的に必要。水分（湿度）の変化で覚醒のスイッチが入る。しかしスイッチが入ったあとに湿度が大きく変動するとタネは芽を出してよいか、だめなのか迷ってしまう。発芽のためには一気にそして平均的に途絶えることなく水分がほしい

タネに水を浸けるときは酸欠に注意

さ、酸欠……

酸素たっぷりで
お願いします

水に浸けるとよく芽が出るからと、必ず水に浸けてからタネ播きする人がいるが、タネにとっては酸素が遮断されることが大きなストレスになる。水に浸けるのは、長くても半日ぐらいにとどめる。また、酸素を多く含んだ流水にさらして処理することも有効

土かぶせはタネの倍の厚さまで

覆土はタネの
倍の厚さ

覆土が厚いと
タネの窒息と
発芽不良のもと

○

×

重いよー

あまり厚い覆土は、発芽するときにタネが土を持ち上げられない。また、水分を含んだ土は通気性が悪く、タネが呼吸できず酸欠になる。覆土は、タネの倍ぐらいの土の量にする

「気温」ではなく「地温」

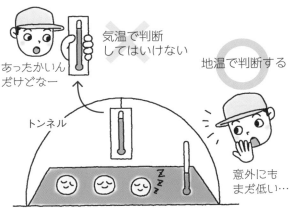

あったかいんだけどなー

気温で判断してはいけない

地温で判断する

トンネル

意外にもまだ低い…

春野菜で特に問題となる。「ビニール被覆したのに芽が出ない！」と思ったときは、原因は「気温」ではなく「地温」にある。昼は暖かいトンネル内の空気も、夜間になるとトンネルの外の温度と同じくらいに下がってしまう。有機物の踏み込みや加熱温床を使わない場合は、むやみな早播きはしてはいけない

夏野菜は温度、秋冬野菜は水に注意

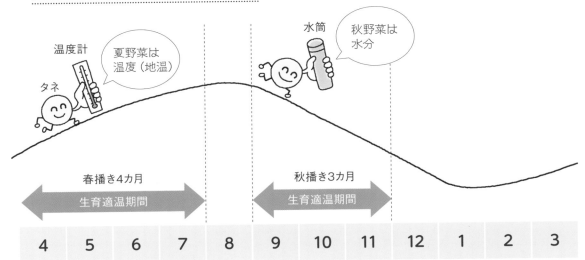

温度計

夏野菜は温度（地温）

タネ

水筒

秋野菜は水分

春播き4カ月
生育適温期間

秋播き3カ月
生育適温期間

| 4 | 5 | 6 | 7 | 8 | 9 | 10 | 11 | 12 | 1 | 2 | 3 |

夏野菜は遅播きがコツ

ピーマンやカボチャなどの夏野菜は、やや遅く植えたほうが積算温度を確保しやすく、生育も早い。遅播きするほうが平均気温が高いので、発芽不良や生育不順といった失敗を回避しやすい。極端な遅播きは開花期と梅雨が重なるので注意

秋冬野菜は水を途絶えさせないことが重要

ダイコンやカブなどのアブラナ科、ニンジンの発芽不良の原因はほとんどが水分不足による「乾燥」。水は量ではなく、途絶えさせないことが重要で、わずかでもタネのまわりの水分が途切れると、始まったはずの細胞分裂が続かずにタネが死ぬ

（3）タネ播きのタイミング

春播きは人より遅く、秋播きは人より早く

春は遅播きするほど平均気温が高いので発芽不良や生育不順といった失敗を回避できる。ただし、ゆっくりしすぎると果菜類の開花期と梅雨が重なって結実不良となるので、4〜5月のタネ播きと定植が基本

秋は多くの葉根菜が冬の低温で花芽分化し、春にトウが立つので、冬までに収穫できるように播く。しかも秋は日照時間が短くなり、温度も急激に下がるので1日でも早くタネを播く

秋冬野菜はタネ播きから収穫までの日数で決まる

冬の到来を11月中旬頃と仮定して、冬までに収穫できるタネ播きのタイミングを大まかに分類してみました。

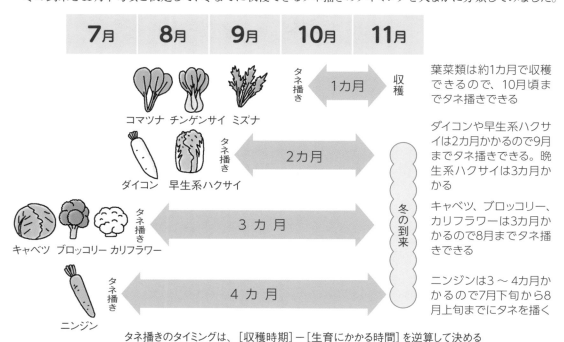

葉菜類は約1カ月で収穫できるので、10月頃までタネ播きできる

ダイコンや早生系ハクサイは2カ月かかるので9月までタネ播きできる。晩生系ハクサイは3カ月かかる

キャベツ、ブロッコリー、カリフラワーは3カ月かかるので8月までタネ播きできる

ニンジンは3〜4カ月かかるので7月下旬から8月上旬までにタネを播く

タネ播きのタイミングは、［収穫時期］−［生育にかかる時間］を逆算して決める

冬の低温がハードルにならないホウレンソウとレタス

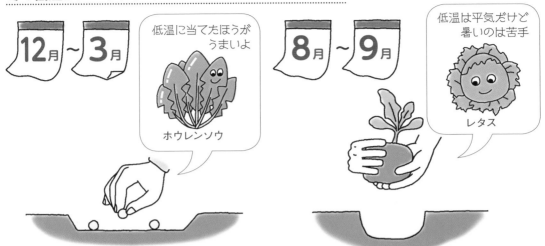

ホウレンソウはタネを播いてから1カ月で収穫できる野菜だが、長日条件でトウ立ちするので、冬の低温の影響を受けない。12月から3月まで播ける。少し寒さに当てて生育日数を長くしたほうが濃厚なうま味が楽しめる

レタスはタネを播いてから3カ月で収穫できる野菜だが、高温で花芽分化し、越冬後の長日と上昇気温でトウ立ちするので、やはり冬の低温の影響を受けない。8月より9月に播くほうが適している

春に収穫する野菜

冬の低温でトウ立ちする野菜の中でも、ある一定の大きさ以下なら越冬できて春に収穫する野菜もあります。

秋播きキャベツ

これよりも早く播くと、越冬前に生育が進みすぎ、春にトウ立ちしてしまう

中晩生タマネギ

9月下旬より早く播いて大苗を植えたり、冬までに生育が進みすぎると春にトウ立ちする

秋播きキャベツのトウ立ちしない作型

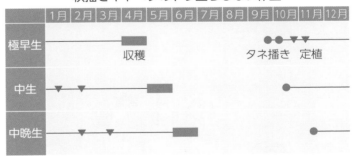

タネ播き、定植、収穫の時期は九州の気候を例にした大まかなイメージ

中晩生タマネギの作型

◎このほかに、ネギの11月播き、時無ニンジンの11月播き、ゴボウの10月播きなども一定の大きさ以下で越冬することで冬を感じないですむ（グリーンプラントバーナリ型、16ページ）。いずれも絶対に早播きしないこと

（4）野菜が好きな植え床

育苗するかしないかは根のタイプに応じて決める

今や、ホームセンターにも、トウモロコシやハクサイのセル苗が並んでいたりしますが、セルトレイ育苗はもともと大量の幼苗を機械植えするために開発されたもの。なんでもかんでもセルトレイに播けばいいというわけではありません。直売所農家や家庭菜園を楽しむなら、もっと野菜の性格、個性にあった育苗方法を考えてもいいのではないでしょうか？

育苗して移植するほうがいい野菜（移植に強い野菜）

セルトレイタイプ　育苗箱にスジ播きタイプ　ポットタイプ

大 ← 根の再生力 → 小

セル苗に向く野菜は、側根が発達して移植に強い品目で、ブロッコリーやレタス類がこのタイプ。同じアブラナ科でも根の再生力はそれぞれ違うので、大きめのポットに直播きしたり、育苗箱にスジ播きしたりして、根や芽を傷めないように管理する

移植が嫌いな野菜

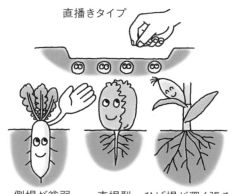

直播きタイプ

側根が貧弱　直根型　ひげ根が深く張る

側根が貧弱だったり、根が傷つくと再生が遅かったりする野菜は直播き向き。直根が肥大する根菜類や、ハクサイなどは直根タイプで、直根が一度切れると根の再生力が弱く生育障害が出てしまう。また、直根ではないがひげ根が地下深くに張るトウモロコシもこのタイプ

根のタイプに合わせた播き方

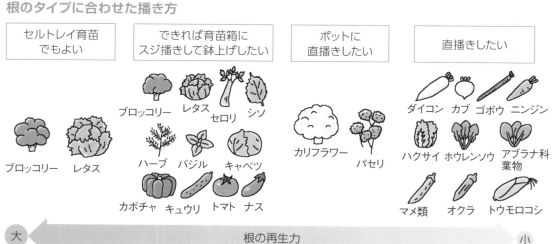

| セルトレイ育苗でもよい | できれば育苗箱にスジ播きして鉢上げしたい | ポットに直播きしたい | 直播きしたい |

ブロッコリー　レタス　セロリ　シソ

ブロッコリー　レタス　ハーブ　バジル　キャベツ

カボチャ　キュウリ　トマト　ナス

カリフラワー　パセリ

ダイコン　カブ　ゴボウ　ニンジン

ハクサイ　ホウレンソウ　アブラナ科葉物

マメ類　オクラ　トウモロコシ

大 ← 根の再生力 → 小

同じアブラナ科でもブロッコリー＞キャベツ＞カリフラワーの順で草勢や発根力が弱くなる。セリ科のパセリとセロリではパセリが直根系、セロリが側根系。パセリは幼苗期でないと移植はムリ。ポットに5〜10粒播いて間引き、1、2本残すのがおすすめ

ポットに鉢上げして細根が多く丈夫な苗をつくる方法

作物の生長

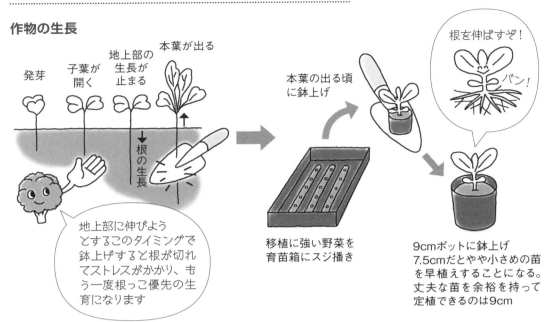

必要な苗が1000本程度までの人であれば、移植に強い品目はセル育苗より育苗箱にスジ播きして、幼苗期に鉢上げすると細根が多く丈夫な苗ができる

水管理が難しいセルトレイ育苗

地温が上がりにくい

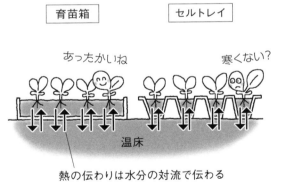

温床の熱は、水分の対流で伝わるため、育苗箱はセルトレイよりも苗床との接触面積が大きく、温床熱の伝わり方が優れている。温度差による水の対流は、育苗箱は網目状に開いた穴から、セルトレイは底の小さな穴から起こる

水分の横移動がない

セルトレイ最大の欠点は水管理。セルが独立したプラスチックの隔壁で区切られているため、水分が横のセルに移動できない。このため、土の条件のわずかな違いや、苗の生育差が原因で湿り具合が不均一になってしまう

（5）上手に発芽する播き方のコツ

植えるときにひと工夫

土をかぶせない・布をかぶせる

ニンジンやレタスなどには
「土をかぶせずに、
土を押さえて
かぶせものをする」

光がすけて
通気性のあるもの

明るいと
発芽しやすい
ニンジンなど

明るいと
発芽しやすい
レタスなど

タネが小さすぎて
薄く覆土するのが
難しいキンギョソウ、
ツリガネソウ、トル
コギキョウなど

好光性のタネや薄く覆土がしにくいタネは、覆土しないほうがよく発芽する。乾燥を防ぐため、不織布などをかぶせるとよい。モミガラもいいが、不織布などは撤去がラク。①光を通し、②防湿効果があり、③ジョウロでかん水するときに直接タネや土の表面を叩かず、④土がカチカチにならないといったメリットがある

足で踏む

ニンジンや
ゴボウのタネ

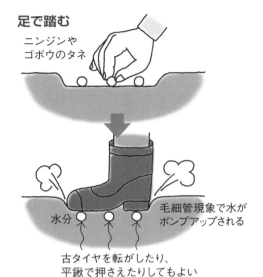

水分

毛細管現象で水が
ポンプアップされる

古タイヤを転がしたり、
平鍬で押さえたりしてもよい

タネを播いてから足で踏むなどして鎮圧する。タネのまわりの土の粒子の距離を縮め、毛管現象で地下部の水分を地表近くまでポンプアップさせることができ、発芽までの乾燥を防ぐことができる。発芽までの時間がかかる、ニンジンやゴボウを播くときに重要なポイントである

硬実種子はタネにひと工夫

傷をつけてから播く

爪切りで傷つける

双葉の先端側を
少し切る

カボチャの
タネ

ウリ科

ゴーヤー　カンピョウ　カボチャ

トウガン　スイカ　ヘチマ

ヒルガオ科

アサガオ

大きな
タネ

ヤスリで削ったり、砂でこする

アオイ科　　　　アカザ科

オクラ　ワタ　　ホウレンソウ

丸っこい
タネ

板でこする

セリ科　　　パクチー

ちょっと
軟らかめ

コンクリートでこする

マメ科　　ナタマメ

大きくて硬い

ゴーヤーやオクラ、ナタマメなどのような種皮が硬いものは家庭菜園で芽が出ずよく問題になる。吸水してもビクともしないが、ちょっと傷つけると芽が出やすくなる。ウリ類は30℃以上の温度条件があればそのままで問題ないが、まだ気温の低い4月に播くときなどに有効

（6）上手な苗のつくり方

大事なのは土、水やり、光

土・水やり・光

苗がよくできれば半分は成功したもの＝苗半作！

ぜひ苗づくりの楽しさを経験して！

苗づくりで大切なのは、土と水やり、光の三つ。「水やり」は、朝のかん水が最適である。「光」は朝かん水したあと、十分太陽光に当てるとガッチリした苗に育つ

午後3時以降のかん水は苗を徒長させる

育苗するときに絶対してはいけないのが午後3時以降の「夕方かん水」。夜に高温多湿となり、徒長する。夜間は葉から蒸散しないので、夕方、若干葉がしおれていても大丈夫。ちなみに定植後のかん水は育苗時とは真逆で、夕方かん水が最適。朝かん水すると水分が土壌や葉からの蒸散で速やかに抜けてしまう

失敗しない市販培土の準備

①水をたっぷり与える

タネを播く前にかん水するほうがよい。はじめに使う量の乾燥培土を大きな容器に入れ、水をたっぷり与える

②ソバ粉を練るように混ぜ合わせる

なかなか吸水しないので、しばらく待ってから手でソバ粉を練るように培土と水をなじませる

③握ったら水がポタポタ落ちるまで水を含ませる

①と②を3、4回繰り返すと、培土に水分がムラなく行き渡る。ギュッと握ったら水がポタポタ落ちるくらいまで含水させる

市販の育苗培土には、水分を適量含んだ「含水培土」と、含水率の低い「乾燥した培土」がある。含水培土はかん水すると水になじみやすいが、長く放置できないことや、微生物が繁殖すること、肥料が抜けてしまうことなど欠点がある。「乾燥培土」は、主原料がピートモスのため、かん水しても水を弾いてしまうが、肥料が抜けることなく、古いものでも苗に立ち枯れなどが発生する心配もないので、私はこちらがおすすめ

⑤ 天気を読んでうまく育てる

（1）一年の気候の読み方と気をつけること

3 ●	4	5	6	7	8

春彼岸（春分の日）ここから日がどんどん長くなる

春播きシーズン ← → **梅雨期** **秋播き・**

- 気温は暖かくても夜の地温はまだ冷たいので、春のタネ播きは人より遅くすること
- 秋播きも同様、日照不足対策には広めの株間が特に有効

- 果菜類の開花受精が不良になる
- 空梅雨だと果菜が大豊作となり、価格が暴落する
- 長梅雨では根腐れ、病気や生育不良になりやすい

株間は広く

植物の体の90%以上は炭素、水素、酸素からできている

肥料

光合成で作られた炭素（C）、水素（H）、酸素（O）材料は炭酸ガス、水、酸素

うまく実がつかないな

梅雨明け直後の干ばつで尻腐れ果などの石灰欠乏が多発

根が雨に甘えて弱くなるのであらかじめ深い直根が張る対策が必要（48ページ）

空梅雨の場合

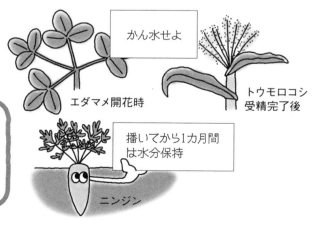

かん水せよ

エダマメ開花時

トウモロコシ受精完了後

播いてから1カ月間は水分保持

ニンジン

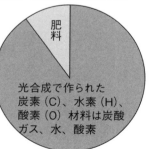

野菜の生育に大切なのは光と水です。降水量と日照時間（株間）ということになります

9	10	11	12	1	2

秋彼岸（秋分の日）ここから一気に日が短くなる

台風シーズン →

← **冬の生育停滞期** →

- 日長が短くなり、気温も一気に低くなるので、秋のタネ播きは人より早く播く
- 定植直後のキャベツ、ブロッコリー、カリフラワー、タネを播いた直後のダイコン、ハクサイ、カブなどが台風被害にあいやすいので、漁網やネット、寒冷紗をかぶせておく

- 降水量少なく乾燥、曇天
- 平均気温は年間で最低
- もし小春日和が続き、小雨が降ると冬野菜が大豊作となり価格が暴落する
- 暖冬予想の年は危険分散のために一部をやや遅播きしておく

寒冷紗など
台風に負けないで

乾燥が続く場合

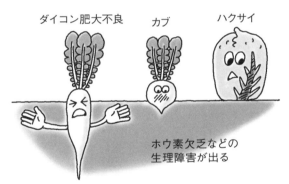

ダイコン肥大不良　カブ　ハクサイ

ホウ素欠乏などの生理障害が出る

暖冬が予想される場合

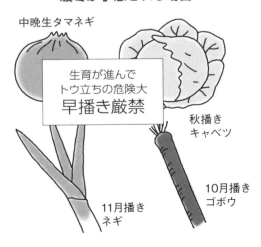

中晩生タマネギ

生育が進んでトウ立ちの危険大
早播き厳禁

秋播きキャベツ

10月播きゴボウ

11月播きネギ

雨が多い場合

ニンジン

ホウレンソウ

顔色が悪い…

肥大期の水分過多で色が悪くなる

萎ちょう病が出やすい

（2）大雨、強風、台風のときどうする？ ──品種選びを中心に

強風でも倒伏しにくい品種選び

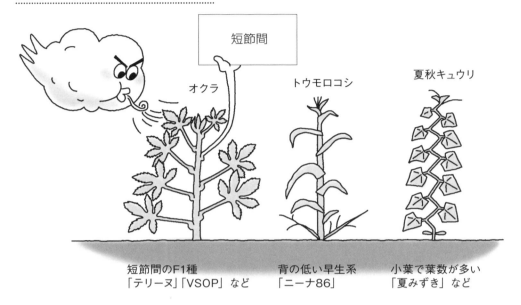

短節間

オクラ

トウモロコシ

夏秋キュウリ

短節間のF1種
「テリーヌ」「VSOP」など

背の低い早生系
「ニーナ86」

小葉で葉数が多い
「夏みずき」など

台風の強風対策に樹高が低く生長する野菜（短節間）の品種を選ぶと倒伏しにくい。オクラは短節間のテリーヌやVSOPを選ぶとよい。トウモロコシは背の低いニーナ86、露地キュウリは葉が小さい夏みずきを選ぶと倒伏の被害が軽減する

台風通過後の殺菌剤と葉面散布剤

「カスミンボルドー」
「Zボルドー」
などの銅剤
＋
「ヨーゲン」
などの葉面散布剤

これをやるのとやらないとで
数割程度の被害か、全滅かの
分かれ道となります

痛い目に
あったあとだから
うれしいよー

キャベツ、ブロッコリー、
カリフラワーなど

キャベツ、ブロッコリー、カリフラワーなどは定植直後に漁網や粗いネットをかぶせておき、台風が去った直後速やかに除去し、細菌病の予防に銅剤と疲労回復のための葉面散布剤を混ぜて散布する。これで株元の軟腐病や葉縁の黒腐れ病など致命的な病気を抑えることができる

台風被害後でも遅播きできる品種で播き直し

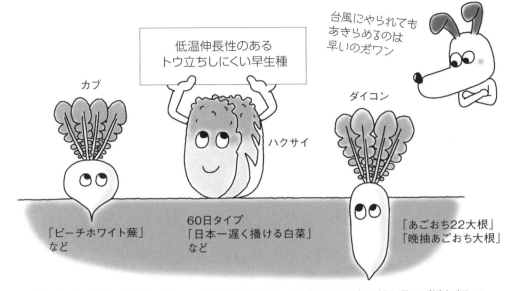

定植した苗が台風で全滅しても、ハクサイやダイコン、カブなどは早生品種を選べば播き直しても、冬までに結球や肥大が間に合う。秋播き野菜は生育が12月以降は止まるため、9〜11月の3カ月間しかないが、ハクサイ早生品種は約60日で結球するので播き直せる

雨の影響を受けにくい品種でホウレンソウの湿害対策

ホウレンソウは直根系の野菜なので大雨の影響をもろに受ける。直根自体が高温多湿に強く、側根も強い品種のジャスティスやミラージュ（いずれもサカタ）などを選べば、根腐れや萎ちょう病が防げる。大雨以外に排水性の悪い畑にもこの品種は向く

❻ 病害虫・生理障害対策

（1）病害、虫害、生理障害の違い

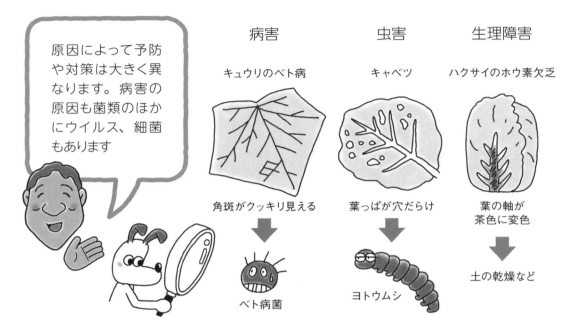

原因によって予防や対策は大きく異なります。病害の原因も菌類のほかにウイルス、細菌もあります

病害　キュウリのベト病　角斑がクッキリ見える　ベト病菌

虫害　キャベツ　葉っぱが穴だらけ　ヨトウムシ

生理障害　ハクサイのホウ素欠乏　葉の軸が茶色に変色　土の乾燥など

（2）病害対策

ウイルス病

病原体は、ウイルス、細菌、菌類の順に大きく複雑になります。

ウイルス　細菌　菌類

ウイルスの侵入は虫から

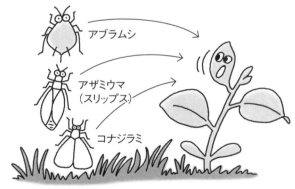

アブラムシ

アザミウマ（スリップス）

コナジラミ

ウイルスはアブラムシやアザミウマ、コナジラミなどの吸汁性害虫が野菜に口針を刺して吸汁するときに侵入する。予防対策は害虫駆除を徹底する。雑草で越冬するので除草は効果的。ウイルス病の有効薬剤はないため罹病したら株は抜き取る

細菌病

病原細菌の侵入は傷からです。予防効果のある薬剤は銅剤と抗生物質など少ないので、対策はウイルス病と同じく予防です。とっておきの予防を紹介しましょう

●地上部の傷からの侵入を防ぐ
• トマトの芽かきはハサミを使い回さず、手でかき取る（かいよう病対策）
• ダイコンやキャベツなどは台風後に速やかに銅剤を散布する
●地下部の傷からの侵入を防ぐ

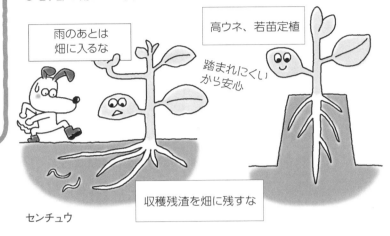

雨のあとは畑に入るな

高ウネ、若苗定植

踏まれにくいから安心

収穫残渣を畑に残すな

センチュウ

雨のあと、地中が酸欠になった根が地表近くに浮くので、畑に入ると根が傷つく。センチュウなどの食害による侵入を防ぐには収穫残渣は畑から持ち出すこと

できるだけ縦方向に根を伸ばして通路側に伸ばさないようにして根を守る

菌類による病気

菌は胞子ができて飛んだり、菌糸が伸びたり、休眠したり複雑なことができます。
攻撃する点がたくさんあるので薬剤は治療薬も含めて多いですが、薬剤だけに頼らない予防が効果的です

うどんこ病は追肥が効果的

私たちエネルギー不足なんです

カボチャ　スイカ
1番果の着果直後

キュウリ
1番果の着果時と雌花が落ちるとき

トマト
奇数段果房の着果後

ナス
ピーマン
盛夏期の収量が落ちてきた頃

うどんこ病は、エネルギー不足で免疫力が低下し、病原菌をはね返せなくなったときに発生する。速効性の追肥や葉面散布が効果的。なおベト病、エキ病、炭疽病は雨対策が効果的。すなわち、①雨よけをする、②マルチや敷きワラをする、③下葉をかき取る。土面からの雨のはね返りを防ぐと、葉裏の気孔への菌の侵入が防げる

（3）害虫対策

主な害虫は3種類

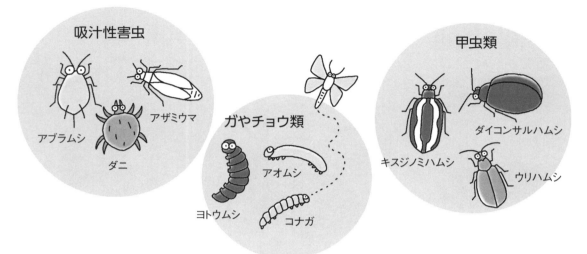

もっと多くの害虫がいるが、この3つぐらいに大別すると覚えるのも容易

雨が続けば病気が出る、天気が続けば虫が出る

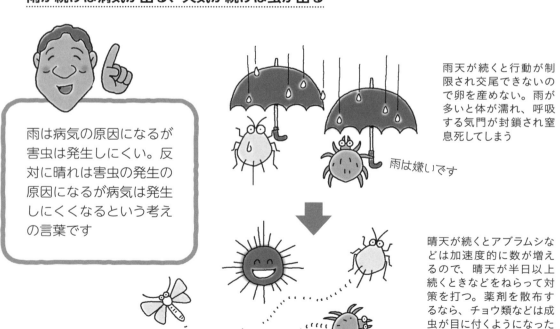

雨は病気の原因になるが害虫は発生しにくい。反対に晴れは害虫の発生の原因になるが病気は発生しにくくなるという考えの言葉です

雨天が続くと行動が制限され交尾できないので卵を産めない。雨が多いと体が濡れ、呼吸する気門が封鎖され窒息死してしまう

雨は嫌いです

晴天が続くとアブラムシなどは加速度的に数が増えるので、晴天が半日以上続くときなどをねらって対策を打つ。薬剤を散布するなら、チョウ類などは成虫が目に付くようになったピークの一週間後に幼虫がかえるので、そのときが防除適期といわれている

(4) 生理障害対策

カルシウム欠乏症

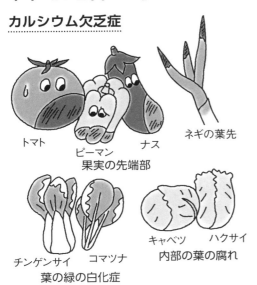

トマト
ピーマン　ナス
果実の先端部

ネギの葉先

チンゲンサイ　コマツナ
葉の緑の白化症

キャベツ　ハクサイ
内部の葉の腐れ

かん水と深く広い根づくり

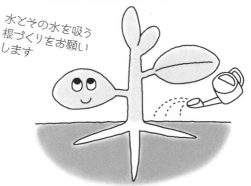

水とその水を吸う
根づくりをお願い
します

最大の特徴は根から一番遠い
ところに発生するという点で
す。カルシウムは体内を移動
しづらいからです

必ずしも土にカルシウムが欠乏している
わけではなく、カルシウムがあって吸
収できてない。もしくは体内を移動で
きていない。水と一緒に移動するので、
十分にかん水すること。深く広い根が
張りやすい土をつくることが大切

ホウ素欠乏症

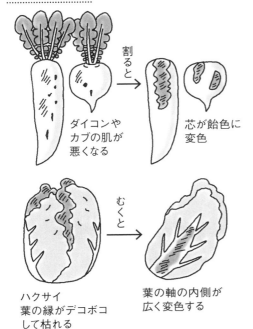

割ると

ダイコンや
カブの肌が
悪くなる

芯が飴色に
変色

むくと

ハクサイ
葉の縁がデコボコ
して枯れる

葉の軸の内側が
広く変色する

乾燥対策とホウ素の施肥

ホウ素
肥料

石灰

石灰との
同時散布は
しない

畑にホウ素肥料を土壌混和するのが一般
的な対策。注意点として、カルシウムと拮
抗するので石灰との同時散布は避けること。
乾燥が引き金となるので土壌水分を維持で
きるようにすること

（5）無農薬栽培できる野菜と時期

夏播きのニンジンとタマネギ

害虫は冬には活動が鈍くなることと、食欲旺盛な害虫がつきにくいニンジンとタマネギを選ぶことがポイントです

夏のニンジンは高温期にはヨトウムシなどの大被害をかぶることがある。8月末、ギリギリの時期にタネ播きして、できるだけ寒い時期に育てるようにする

超極早生、早生のタマネギをずらして植え付け、12〜4月に収穫する。主に9月から3月の低温期に育てる

超極早生タマネギの作型

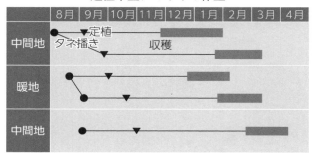

暖地か中間地で「加津佐13号」（アカヲ種苗育成、市川種苗店販売）を露地でマルチ栽培した場合の作型。トレイ育苗で、8〜9月は高温なので、日よけなどをして発芽を促す

12〜3月播きホウレンソウ

コマツナは低温でトウが立ってしまうため、露地では11〜3月はタネ播きできないが、ホウレンソウは低温でもトウが立たない。しかも厳寒期の露地にはほとんど害虫がいない

秋播きキャベツ

春から夏のキャベツは無農薬ではとても無理。しかし9月下旬から10月にタネを播き、4月頃までに収穫できる秋播きの極早生、早生種であれば、なんとか害虫の被害を受けることなく育つ。台風や大雨も去っているので病気もほとんど出ない

（6）実際に試してよかったコンパニオンプランツ

アブラナ科とレタス

アオムシ、コナガ、キスジノミハムシなど特異的にアブラナ科を好む害虫が、
キク科レタスは好まない。アブラムシやヨトウムシ類には効果がない

収穫のタイミングが合わない

水分吸収量や株間が不釣り合い

生育期間が違い、
土壌水分の適性が合わない

スイカとネギ

ウリ科の土壌病害の原因となるフ
ザリウム菌がネギを忌避すること
を利用したもの。スイカもネギも
乾燥気味の畑でよく育つのでこの
組み合わせはベストといえる

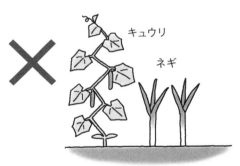

キュウリの株元は光が当たらない。
かん水を繰り返すとネギが傷む

栽培期間がずれて、お互いの生育ピークの
タイミングが合わない

カコミ ウソのように発芽がよく揃う話

本書のあちこちで書いていることなので、またかと言われそうですが、基本的なことでありながらとても大事なことなので、繰り返し書かせていただきます。

早播きカボチャが発芽しない!?

春先になると「お宅で買ったカボチャの芽が出ません。タネが悪いんじゃないですか?」という問い合わせがよくあります。

結論からいうと、その原因は温度不足。気温じゃなくて地温ですよ。一般的に、カボチャもスイカも、地温30℃以上なら約3日で完全に発芽します。ウソのようによく揃いますよ。

「発芽適温」は「生育適温」とは違います。全部調べたわけじゃありませんが、一般的に野菜の発芽適温は生育適温より高い。発芽適温が25～30℃のカボチャを2月に温床なしでタネを播けば、芽は出ません。

地温は早朝、特に日の出前に最も下がります。発芽床の培土に温度計を挿し込んで、早朝15℃以下に下がっているならタネを播くのは待ちましょう。20℃以上確保できる状態になればまず問題ない。タネ袋に書かれた発芽率以上で出ますよ。

私の持論ですが、カボチャを無加温で発芽させるなら4月、サクラの花が完全に終わって、フジの花が満開になってから。ずるいようですが、周りの人がタネを播き終えてその芽が出るのを待ってから播けばいいんです。

春は人より遅く、秋は人より早く

中生のスイートコーンやオクラ、ニガウリやトウガン、ナタマメも「芽が出ない!」とよくいわれる野菜です。いつもお客さんに言っていますが、春のタネ播きは急ぐ必要ありません。春の数週間の遅れは、夏になれば数日で取り返すことができます。人より早くタネを播いて低温の影響を受けるより、もう大丈夫と思えるくらい暖かくなってから播いたほうが失敗しないということです。

逆に、秋は1日でも早くタネを播いたほうがいい(暑さに弱いレタスとホウレンソウは早播き禁物)。だから「春は人より遅く、秋は人より早くタネを播く」。これが私の口癖です。

2章
栽培実践編

果菜類

トマト

- 水分控えめ、乾燥すると甘いトマトに
- 若苗定植で裂果や石灰欠乏、青枯れ減少
- 着果するまでは肥料をやるな

科	ナス科	原産地	南米高地
播き方	育苗箱→ポット	根	広く深い
葉	切れ込んでいる	花芽分化スイッチ	適温で自然分化

ポイント

【特性】

　南米高地原産のナス科。緯度の低い乾燥した高冷地をイメージしてください。原産地に合うように進化したので、ナスやピーマンなど他のナス科野菜に比べると低い温度にも耐えられます。特に夜間温度は5℃くらいまで耐えます。耐えられないほどの低温にさらされるとアントシアン色素が出て、やや葉裏が紫色になりますので、温度を上げるように育苗しましょう。

　もともと乾燥地で進化したので、葉は切れ込んでいます。鋭く切れ込んでいるくらいがよい体調を表します。環境もナスのように水分が必要なのとは正反対で控えめの水分を好みます。トマト・ナスをひとくくりにして、家庭菜園では春の野菜苗の代表格の扱いですが、要求水分がまったく異なります。トマトはナスとは管理法や施肥法を変えて栽培したほうがうまくいきます。

　乾燥地で進化したため根も広く張ります。若い苗を植えてこの直根を十分発達させると裂果が少なくなります（後述）。

　このように、水分控えめ、日光はガンガン、夜間は暑すぎずという理想環境にしてやるとトマトは甘くうま味最高となります。決して、よい肥料をあげればおいしくなるのではないのです!!

【タネ播き・育苗】

　30℃近い高温を必要とするナスやピーマンと異なり、20℃程度のやや低温でもうまく生長します。また、タネを播いたあとの苗の仕上がりも9cmポットなら、2カ月以内です。生長が遅い順番にピーマン、ナス、トマトの順番で播きます。

　トマトは最初の1番花と同じ側に花がつくので、収穫しやすさと、1番花を確実につけて樹を落ち着かせるために、1番花の開花を待って植え付けるのが基本です。しかしそれだと、直根が発達しにくいので裂果が増えます。直根を発達させるためには開花前のやや若苗を植えるほうがよく、前作がある場合は元肥ゼロで大丈夫です（右ページ図）。1番花をつけて植えるときは50g/m²以下に抑えます（肥料については25ページ参照）。接ぎ木苗は接ぎ木部分が土に触れないように浅植えしますが、それ以外のトマト苗はやや深植えしたほうが発根量が増え丈夫になります。

【栽培】

　トマトは最初から最後まで1本仕立てでいきます。わき芽をかいて、下段花房の収穫が進むにつれ、下葉を除去し、最後まで1本を維持

します。

　健全な体調なら、同じ側に、葉っぱ3枚おきに、5〜6個の花を持つ花房が規則的につきます。この規則性が崩れないように体調を維持していくのがトマトづくりの基本です。栄養過剰だと葉や茎が太くなり、芯が止まり、花が落ちます。肥料をやりすぎないことです。特に、1番花の開花まではチッソ成分が効きすぎないことがとても重要です。1番花が正常に結果しなければそれ以降の栄養と生殖生長のバランスが大きく崩れてしまいます。ホルモン処理する場合も1段目が重要で、もしチッソ過剰ならホルモン処理しても効果があがりません。一部開花したやや老化苗が定植時に推奨されるのも、栄養生長に大きく傾かないようにする有効な方法の一つだからです。

　トマトの追肥のタイミングで最も重要な時期は3段目受精直後です。このときトマトは、草勢が完全ではないので光合成により十分養分がつくれる体制が整っていません。そのなかで、①3段目の花を開花結実させ、②受精の済んだ1、2段の花房を肥大させ、③生長点方向の4段目の花芽が死んでしまわないように、それぞれ栄養を送り続けなければならない働き盛りだからです。

　このような理由から、追肥の時期は1、3、5段目の果房という奇数段果房の着果直後に行なうのがベストなタイミングです。

　また、果実肥大期はやや乾燥気味に育てるとおいしいトマトになります。

　基本的な性質はミニトマトも同じです。むしろミニトマトの管理のほうがアバウトでよいので、栽培は簡単です。

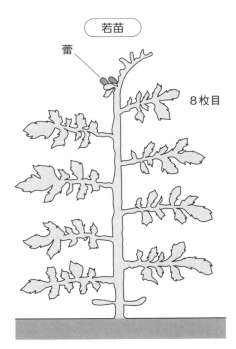

やや若苗

若苗

蕾

8枚目

8枚目

第8葉の展開が始まった頃。
花芽はまだついていない

第8葉が展開して
小さな蕾が1つ見えた頃

図　裂果を防ぐにはやや若苗のトマトを植える

栽培

【植え付けの準備】

　堆肥などの有機物を多く（2kg/m²以上）、できるだけ早い時期に施し深く耕します。石灰はやや多めに施します（苦土石灰で200g/m²以上）。元肥のチッソ分が多いと着果しません。残肥にもよりますが、前作があれば無肥料〜50g/m²程度に抑え、足りない成分は主に追肥でコントロールします（❶）。

【植え付け】

　露地栽培では平均気温が15℃以上になり、晩霜の心配がなくなったら晴天無風の日を選んで植え付けます。株間は40〜45cmとし、植え穴には数日前にたっぷりかん水することで、根が乾いた土に触れて傷んだり、植え付け後の多量かん水で地温が下がったりすることがないようにします。

　また、トマトの花房はすべて第1花房と同じ方向につくので、花房が茎と支柱の間にはさまれないように、また、夏の強い西日で果実が日焼けを起こさないように、花房を北から東に向けて植え付けます。

【手入れ】

　植え付け後、支柱を立ててしっかりした葉柄の下に、茎の肥大に余裕を持たせて8の字形に結んで誘引します（❷）。各節に出るわき芽は小さいうちに摘みとり、1本仕立てとして主枝の生長を助けます。

　普通5〜6段の花房まで収穫するので、最上段花房（5〜6段）の果実の日焼けを防ぐために、その上2〜3葉を残して摘芯します（❸）。1花房にたくさん着果したときは、ピンポン玉大の頃に大きな形のよいものを残して他は摘果します（❹）。幼果を多く残すと果実が大きくならず、少ないと大きいものがとれます。花房の中で生育の遅れているものや、奇形のものを摘みとります。

　追肥のタイミングは、奇数段果房の開花ではなく着果直後です。タイミングが早すぎると花芽分化や着果に悪影響が出ます。トマトづくりの最大のポイントですのでよく覚えておきましょう。1回の追肥量は1株あたり1握り（約25〜30g）、約60g/m²程度を上限に、草勢を見ながら施します。

　また梅雨前にウネの上にワラ、刈り草などを1〜2cmの厚さに敷きつめ、雑草の発生や土が固まるのを防ぎます。夏の乾燥期には日中を避けてかん水して果実の肥大を助けます。味をよくするために水をしぼりすぎるとカルシウム欠乏症になり尻腐れが出ますので注意しましょう。

【収穫】

　果実は一般に開花後50〜60日で成熟しますが、早どりは禁物で、果実が真っ赤に熟れてからもぎとります。

❶ ウネ作りと株間・条間

【1m²あたり】
堆肥　2kg以上
苦土石灰　200g以上
元肥　〜50g
ウネ幅　180cm
株間　40〜45cm

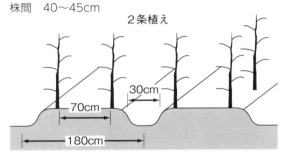

2条植え

70cm
30cm
180cm

- 日当たりを考えて広めにとるようにする。
- 株間は2条植え40〜45cmとする。

❷ 誘引の方法

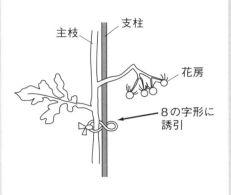

主枝　支柱
花房
8の字形に誘引

- 葉柄の下で8の字形で誘引する。

❸ 摘芯のしかた

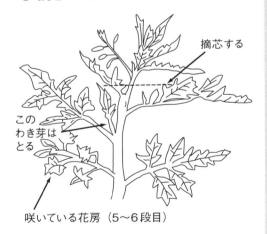

摘芯する
この
わき芽は
とる
咲いている花房（5〜6段目）

- ハサミなどを使わず手で掻きとります（病気の伝染予防のため）。

❹ 摘果

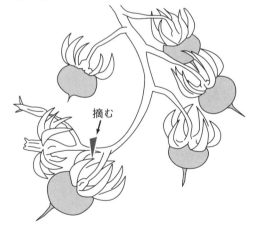

摘む

- 結果したら、早勢を見ながら摘果する。

トマトの栽培暦

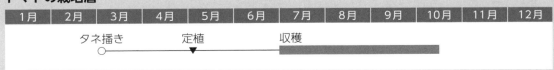

1月	2月	3月	4月	5月	6月	7月	8月	9月	10月	11月	12月

タネ播き　定植　収穫

ナス

- ナスは水で育てろ
- トマトの4倍の広い面積に植えろ
- 8月に強せん定で、秋ナスをジャンジャン収穫

科	ナス科	原産地	インド
播き方	育苗箱→ポット	根	広く深い
葉	大きくトゲがある	花芽分化スイッチ	適温で自然分化

ポイント

【特性】

　ナスはインドが原産のナス科の野菜。トマトに比べると、はるかに降水量が多いところで進化しました。蒸し暑い日本にはトマトより適しているのかもしれません。葉が広くV字型に広く開張し、根も広く深く張ります。

　原産地に合うように進化したので、栽培条件は次の3点になります。①ナスは株が横方向に張るため十分な株間が必要。特にトマトの倍以上の面積が必要になるが（トマト40～45cmに対してナスは60cmでウネ幅も広い）、苗の必要本数は半分以下ですむ。②ナスはやや重く、水持ちのよい土を好み、田んぼの転作には非常に合っています。③ナスはペチュニアなどと同じく新しい枝に花をつけるため、繰り返し、せん定が必要になります。

【タネ播き・育苗】

　果菜の中では生育の遅い順にピーマン、ナス、トマトの順番にタネを播きます。トマトよりかなり育苗日数が長いので、タネ播き専用の肥えた培土が必要です。

　また、早春の早い時期に播かなければならないので、温床などの温度管理が必要です。発芽までは30℃を上限として、発芽後は20℃以上25℃程度にコントロールします。

【栽培】

　「ナスは水で育てろ！」が栽培方針です。よって梅雨は平気で育ちますが、梅雨明け以後は敷きワラをし、かん水はトマトの数倍あげるつもりで水管理します。

　収穫しながら、弱せん定を繰り返し、次の花芽を誘発するようにしましょう。また、8月は石ナスの時期、どうせ良品はとれません。追肥をしながらザックリ強せん定して半分以下に葉面積を減らして、蒸散を減らします。夏場を乗り切れば、「秋なすは嫁に食わすな」のことわざどおり、おいしいナスがジャンジャン収穫できます。

　タネが硬くなると食感が悪くなるので、早めに（開花約20日後）収穫していきます。トマトが55日サイクルなので、かなり早くたくさん収穫できます。

ナスの葉。切れ込みのあるトマトの葉と違ってナスは大きく、広い。どんどん蒸散して水を吸い上げるのでナスは「水で育てる」
（みずほアグリサポート　高橋広樹撮影）

栽培

【植え付けの準備】

ナスは高温で多日照条件を好む作物で、日当たりが悪いと生育不良を起こし、収量が減り、ナス独特の光沢がなくなります。とにかく日当たりのよい場所につくります。

ウネ立ては、根の張る範囲が深く、排水がよく、通路を確保するためにウネ幅約180cm以上でゆったりと、ウネの中心がやや盛り気味のカマボコ型になるように作ります（❶）。

【植え付け】

植え付けは晴天無風の暖かい日を選びます。地温15℃以上は確保しておくことが大切です。根鉢を崩したり、根を乾燥させないよう、速くていねいに行ないます。ポット育苗で鉢内に根が回っているときは、そのままでは活着が遅れます。ポットの外から手でつまむように押し出すと、傷めずに根の先端部をある程度出すことができます（❷）。

また、植え付け直後に風などで株が揺れると活着が遅くなるので、仮支柱を立てて誘引します。

【手入れ】

家庭菜園の場合は放任栽培がほとんどですが、品質のよい柔かい果実を多収するには整枝が必要です。

ナス科植物は花房直下の節の側枝の伸長がよく、特に1番花直下の側枝は主枝とほとんど変わらない生育を示し、第1側枝といいます。これに次ぐ下の第2側枝も伸長が旺盛です。主枝、第1・2側枝の3本仕立てとし、それ以外の側枝はすべて摘除します（❸）。

管理面のポイントは、水分の維持で、絶対に乾燥させないことです。追肥はチッソ、カリを主体に根に負担をかけないように位置を変えて施します。生育が進み枝数が増えると、通風、採光が悪くなるので適宜除去します。

真夏には暑さと乾燥でナスの品質が低下します。そこで、枝を切り戻して新しい枝を出さ

せると、おいしい秋ナスが収穫できます。7月下旬から8月上旬に弱せん定と強せん定を行ないます（❹）。同時に追肥とかん水を行なうことで枝が更新されます。

【収穫】

収穫適期は、タネの硬化がまだ始まらない開花15〜20日後ぐらいの未熟果をとります。キュウリと同様に、朝か夕方の涼しいときに収穫すると、鮮度がよく持ちます。

❶ ウネ作り

【1m²あたり】
堆肥　2kg
元肥　200g以上
追肥（1株あたり）　60g（1〜2握り）
ウネ幅　180cm以上
株間　60cm以上

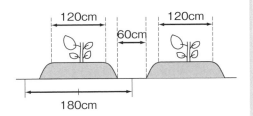

● 1条植えはトンネル被覆に便利で、どの株も日当たりがよい。

❷ 植え付け

● 根が回っている苗は活着が悪くなるので、鉢から出して少しほぐしてから植える。
● 根が回っていない苗（若苗）は、活着不良の原因になるのでほぐさずに植える。

仮支柱

● 根の先端部分を外へ向けて、根鉢との間にすき間をなくすように静かに畑土を寄せ、軽く押さえる。仮支柱を立てて誘引しておく。

❸ 整枝・3本仕立て

主枝
第1側枝
第2側枝
第1果

● 3本仕立てでは第2側枝より下の側枝を摘みとる。第1果はその後の生育に負担となるので早めに摘みとる。

❹ せん定

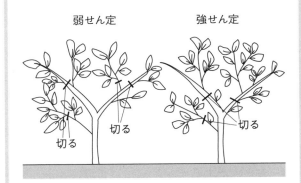

弱せん定　　　強せん定

切る

● 各主枝と強い芽が残るように半分以上切り戻すことを強せん定、半分以下に切り戻すことを弱せん定という。

ナスの栽培暦

1月	2月	3月	4月	5月	6月	7月	8月	9月	10月	11月	12月

タネ播き　　　　定植　　収穫
○　　　　　　　▼
せん定

※2月は温床を使って育苗

ピーマン

- コンパクトでプランター菜園に最適
- トマトより20日早くタネを播く
- 夏後半から霜が降るまでガンガン収穫

科	ナス科	原産地	中央・南アメリカの熱帯地方
播き方	育苗箱→ポット	根	浅く細根が多い
葉	ナスより小さくツルツルで数が多い	花芽分化スイッチ	適温で自然分化

ポイント

【特性】

中央・南アメリカの熱帯地方原産。トマトと同じナス科ですが、トマトは高冷地でこちらは熱帯地方です。トマトほど乾燥が好きではありませんが、暑さには非常に強いのが特徴です。

ナスなどに比べると葉や体は小さくこぢんまりとしています。V字に開張しますが、トマト並みの畑面積と苗数でよく、プランター栽培にはナス科では最も適します。ベランダ菜園には最適でしょう。根は細根が非常に多く発達していますが、浅いので特に乾燥に弱くできています。一度にたくさんかん水するより、こまめにかん水するほうが適しています。

トマトやナスは自家受精ですが、ピーマン類はお互いの花粉がよくかかり交雑します。他家受精もしやすいです。そのため、ピーマン類のシシトウをトウガラシの近くに植えてタネ採りすると、播いたシシトウが異常に辛くなったり、トウガラシが辛くなくなったりすることがあるといいます。トマトやナスと違い他の株と交雑するので、近くに異なったピーマン類を混植することは避けたほうがいいでしょう（辛味の遺伝子を持たないピーマンが辛くなることはありません）。

【タネ播き・育苗】

ピーマンは温度が低いと極端に発芽勢が弱くなるので温床を使い30℃程度の高温で一気に発芽させるようにしましょう。失敗談ですが、温床の温度が35℃を超えてしまい、トマトとキュウリはダメでしたが、ピーマンは耐えました。ピーマンはかなり高温性だと実感した次第です。

ピーマンは果菜の中では生育の遅いほうなので、ピーマン、ナス、トマトの順番にタネを播きます。タネ播きから定植までに2カ月以上かかります。細根が非常に多く再生力も強いので移植が非常にラクです。「ずらし」をすると強い苗をつくることができます。育苗ポットを数cmずらすとポットの底の穴から出ている根が切れます。するとその切れた根から細根が発生し、根が増え強くなります。

【栽培】

ピーマンの特性上、1番花の開花部分で最初の二股分岐が起きます。次の開花部分でさらに二股分岐が起きます。この4本を主枝として伸ばし4本仕立てとします。特性で述べたようにコンパクトな樹形です。ナスより狭い株間、支柱で十分です。

乾燥に注意しながら、こまめに追肥をして育てます。開花から収穫までの日数はナスと

収穫中のピーマンの根。株元の
浅い位置に細い根が集中してコ
ンパクト。根が浅いので乾燥に
弱く、こまめなかん水が必要
（山本康弘撮影、下も）

掘り上げて洗った根を見ても、
細根が中心だ

ほぼ同じで約15〜20日です。しかし、完熟果を食べるパプリカは約60日以上もかかります。気長に待ちましょう。また、その間も生長を持続させないといけないので、気が抜けません。気を抜くと石灰欠乏などの生理障害が出ます。ちなみに、パプリカの収穫果実の数が少ないのは、古い果実に養分を優先配分するため、新しい花を咲かせることができないのが理由です。

栽培

【植え付けの準備】

耕土が浅いと地表近くに根が張ってしまいます。細根が多いので、深く耕して水はけをよくし、有機物を多く入れてできるだけ根が深く張れるようにします。土づくりが終われば、ウネ幅120〜150cmの高めにウネを作ります（❶）。

また、生育期間が非常に長く、霜が降りるまでなり続けるので、肥切れさせない肥培管理が大切です。

【植え付け】

平坦地の暖かいところは4月中〜下旬、中山間地は5月中旬が植え付けの適期です。地温が12℃以上になってから晴天無風の日を選んで行ないます。株間40〜45cmの1条植えとし、深植えにならないように、株元を少し盛り高にし、たっぷり水をやります。

【手入れ】

植え付け後、長さ80cm、太さ2〜3cmの仮支柱を株元から15cmくらい離して斜めに立て、分枝の下で結びつけ、風などによる倒伏を防ぎます。ピーマンは最初に着果した果実の直下から2〜3本分枝するので、これを主枝とします。その後主枝から次々に分枝を繰り返しながら着果します（❷）。

整枝は、最初の分枝を残してその下の側枝はすべて摘みとります。生育が盛んになって内側の枝がよく伸びると、日当たりが悪くなり

ます。花のつきが少なくなってきたときは、中央の混み合った枝を間引きせん定します（❸）。

生育期間が長くなり樹が大きくなったら、長さ1.5mくらいの支柱をウネをはさんで向い合わせに2mの間隔で立てて針金を張り、ポリテープなどで枝をつり上げて誘引します（❹）。梅雨が明けてからは、土が見えないくらいに敷きワラや敷き草をして、土の乾燥を防げば、盛夏期でも収穫が続けられます。また、水やりは一度にたくさん与えるのではなく、定期的に少しずつやり適湿を保ちます。

【収穫】

開花から収穫までの日数は草勢や温度によってかなり異なります。15〜20日ぐらいです。着果数に応じて、多いときは若どりを、少ないときは少し大きくしてからとります。

❶ ウネ作りと定植

【1m²あたり】
堆肥　2kg以上
苦土石灰　200g以上
元肥　60g
追肥（1株あたり）　30〜50g（1〜2握り）
ウネ幅　120〜150cm
株間　40〜45cm

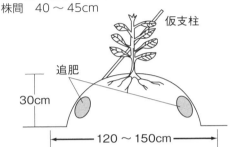

- 早めに堆肥を施し混和、次に石灰を施し混和、次に元肥を混和しウネを上げる。
- 株間40〜45cmの1条植、浅植えとし株元を少し盛り高にしてやる。

❷ 仕立て

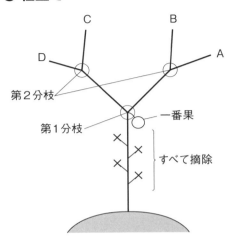

- 4本の強い分枝を親枝とする。
- Y字状に分枝し、その股に着果する。

❸ 整枝と着果

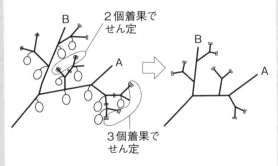

- 親枝の側枝で、内側の側枝は2個、外側の分枝は3個着果したらせん定する。
- 収穫後はすべて第1節でせん定する。

❹ 大きくなって内部が混み合ってきたら……

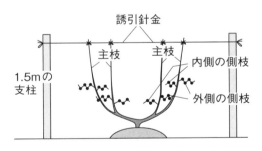

- 空間ができるように誘引せん定し、よく光が入るようにする。

ピーマンの栽培暦

※2月は温床を使って育苗

キュウリ

- キュウリは家庭菜園の第一歩
- 早植え、深植え、押さえずそっと定植
- 春から夏までタネ播きできジャンジャン収穫

科	ウリ科	原産地	ヒマラヤ南部からネパール付近
播き方	ポット育苗か直播き	根	広く浅い
葉	広い毛がある	花芽分化スイッチ	品種によるが低温短日で促進

ポイント

【特性】

　ヒマラヤ南部からネパール付近の温暖な地域原産。発芽の温度はやや高めの25〜30℃です。生育適温はナス科のトマトやピーマンに比べると狭く感じます。低温に弱いので、春の早植えに注意します。また、30℃以上の高温も苦手なので、盛夏期は収量が落ちます。秋もナス科に比べると早く寿命が尽きます。

　ただし、定植後1カ月もすると収穫が始まるので、何度も作付けできます。特に単為結果性（受精せずに実が肥大）があるので、比較的高温期にも新しい実をつけ続けることができます。佐世保では4月以降8月まで露地で順次タネ播きできます。ツル性のキュウリは葉が多く、風圧によるストレスを受けやすいです。ストレスを受けると着果しにくくなり品質も下がります。葉は小ぶりで数が多い品種のほうが風に対する耐性があります。風の影響が強いと巻きヅルがぐるぐるするので、早めの防風対策が必要です。

　また、雌花が黄色くなって落ちるのはキュウリに余力がなくなっているときです。追肥をしたり、葉かきをして日照条件をよくしましょう。

【タネ播き・育苗】

　春作は育苗がよいでしょう。昔は、カボチャとキュウリはもともと「短日」植物なため低温短日育苗が奨励され春播きが主でした。しかし最近の白イボキュウリはその短日性に鈍感な品種が開発されたので夏播きも可能になりました。しかし、短日に敏感な昔ながらの黒イボ節成キュウリなどの品種もあるため、品種選びには注意してください。

　苗を植えるときのウリ科特有のポイントが2つあります。

　①絶対に根鉢を崩さないこと。購入苗は、苗の大きさに比べポットが小さいことや、育苗日数がたったときに、根が巻き付いてかちかちになっていることがあります。ナス科などは、ほぐして植えたほうが活着がよくなる場合もありますが、ウリ科は根がもろいので、ほぐして根が切れると容易にしおれや立ち枯れが発生します。根を切らないように本葉2枚以上の若苗をそっと植えるのが賢明です。

　②ポットの土面が畑の土面より上になるように浅植えしましょう。空気に触れていた部分を埋め込んでも、トマトみたいに発根しません。むしろ深植えすると立ち枯れやツル割れを誘発します。

　なお、地温、気温が20℃以上になる初夏以

降は露地でタネ播きしても最短2〜3日で発芽し、移植するより生育がスムーズなので直播きもおすすめです。

【栽培】

受精しなくても着果する単為結果性（18ページ）なので栽培は簡単です。つまり、ある意味生殖生長に鈍感です。肥料切れ、水分切れと日照不足を起こさないようにしさえすれば、あとは短期集中型で一気に収穫する作戦でいいと思います。トマトは難しく、キュウリは簡単なので、家庭菜園の第一歩はキュウリで参りましょう。

品種によって、親・子・孫ヅルに雌花がつく割合が異なります。最近の白イボ系は親ヅル半分、子ヅル半分です。ナスとトマトの中間くらいの株間をとって、約60cmの株間で栽培する方法が一般的です。その土地にあった方法で臨機応変に整枝するのがよいでしょう。

キュウリの苗の根。細い根が土の間から出ているのがわかる。キュウリをはじめカボチャ、スイカなどのウリ科の根はとてももろく、再生力も弱い

栽培

【植え付けの準備】

　よいキュウリを長い間収穫するには、肥切れがないよう順調に生育させることが大切です。そのためには、深耕して堆肥を多く施すとともに、元肥には緩効性肥料を使って、植え付け1〜2週間くらい前にウネ全体に施し土とよく混ぜます。施肥は初期に根の伸長を優先させ、茎葉を抑え気味にガッチリと育てる配分がよいです。ウネ幅は1条植えで150cm以上、2条植えで200cm以上を標準とし、やや高ウネを作ります。

【植え付け】

　普通の支柱栽培では、最低地温が15℃以上になり晩霜の心配がなくなった時期に植え付けます。温暖な日を選び、根を傷めないように、お茶碗を逆さにしたくらいの土を盛り上げ、その中央に苗の地際が位置するように浅く定植します（これを「くらつき」と呼ぶ）。仮支柱を立てて誘引し、風雨で動かないようにします。株間は1本仕立てで60cmが標準です（❷）。

【手入れ】

　現在主流の白イボ系の仕立て方は、親ヅル1本仕立てとし、子ヅルは葉っぱ2枚で摘芯します。隣の葉と重ならないようにする必要があるので株間は60cm以上と余裕を持たせます。親ヅルが2mぐらいに達したら親ヅルは摘芯して止めます（❸）。キュウリは摘芯しても収穫が終わった節からまた花芽分化する「なり戻り」があるので平気です。繁茂してきたら地面から30cmくらいは葉も子ヅルも早めに除去すると、風通しがよくなり地面からの病気の侵入が防げます。孫ヅルは基本的に放任とします。

　土の温度を下げ、乾燥を防ぐとともに、雨で土がはね上がって発生する病気を回避するために敷きワラや敷き草をします（❹）。

　ワラは株元まで寄せず、「くらつき」の土が見えるように敷きます。また、古くなったり、腐り始めたりしたワラは取り替えましょう。株元は乾燥させておかないと、ツル割れ病が発生しやすくなります。古くなったワラが病気発生を助長することがあります。

　また、順調に生育させるには、いつも土の湿りが適当で変化が少ないことが大切です。特に乾燥しやすい場合や、夏の乾燥期には朝夕の涼しい間に水やりをします。乾燥してから急に多くの水を与えると根を傷めるので、乾き切る前にこまめに水やりをします。追肥は生育を見ながらします。1回目の追肥は最初の雌花が咲いたとき、その後は7〜10日（収穫最盛期は5〜7日）ごとに施用を続けます。

【収穫】

　長さ20〜22cmで収穫します。手を広げて親指と小指までの長さを目安に収穫初期や不良環境下では小さめで、最盛期は大きめで収穫します。樹勢や着果状態を見ながら若どりしたり摘果することで、収穫期間を長くすることできます。

　収穫は早朝、最盛期は早朝と夕方に行なうと、みずみずしいキュウリがとれます。

果菜類

❶ ウネ作り

【1m² あたり】
堆肥　2kg
元肥　120 〜 150g
追肥（1株あたり）
　　1 〜 2握り（約50g）

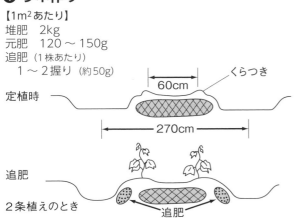

定植時

くらつき

60cm

270cm

追肥

2条植えのとき

追肥

- 堆肥、元肥を入れて深く耕す。
- 追肥は最初の雌花の開花時に第1回目を、その後7 〜 10日おきに1株あたり1 〜 2握り分施する。
- 1条植えのときは、株間60cm、ウネ幅150cm以上。

❷ 植え付け

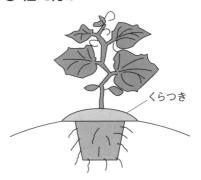

くらつき

- 根鉢が崩れないように注意して植える。
- 植え付けの深さは、根鉢がちょうど埋まるか、少し出るぐらいの浅植えとする。

❸ 整枝法

【1株あたり】
追肥（1回）
約50g

親ヅルは支柱の高さで摘芯

子ヅルは葉を2枚残して摘芯する

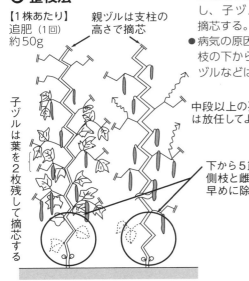

- 主枝は20 〜 22節で摘芯し、子ヅルは1 〜 2節で摘芯する。
- 病気の原因になるので、主枝の下から5節ぐらいの子ヅルなどは摘除する。

中段以上の孫ヅルは放任してよい

下から5節までの側枝と雌花は早めに除去する

❹ 敷きワラか敷き草

- 乾燥防止や病害防止、雑草防止のために、敷きワラか敷き草をする。

キュウリの栽培暦

1月	2月	3月	4月	5月	6月	7月	8月	9月	10月	11月	12月

タネ播き　定植　収穫

※4月中旬から直播きもできる

カボチャ

- 発芽には30℃近い高温が必要
- 着果前は元肥控えめ、着果後はすぐ追肥
- 10日寝かせてホクホクカボチャへ大変身

科	ウリ科	原産地	中米(日本カボチャ)、中南米(西洋カボチャ)
播き方	育苗箱→ポット	根	浅いが広く発達し、吸肥力と耐乾性に強い
葉	広く硬く毛がある	花芽分化スイッチ	低温短日(日本カボチャ)、低温(西洋カボチャ)

ポイント

【特性】

　日本カボチャと西洋カボチャに大別され、原産地はそれぞれ中米と中南米。生育適温は日本カボチャがやや高温多湿を好み17〜20℃(最高35℃)。西洋カボチャは7〜20℃(最高23℃)でやや冷涼乾燥を好む傾向があります。他の果菜類より低温にはかなり強く、現在の品種はほとんど西洋種です。

　カボチャは低温と短日で冬が来たと感じ、カボチャは早く子孫を残そうと雌花が多くつきます。逆に適温下で肥料が効きすぎると、栄養生長が強まって葉が茂りすぎたり、雄花が多くなったり、着果が阻害されたりします。また、日照不足も光合成を阻害し着果や果実肥大を阻害します。

　酸性や土壌病害に非常に強いため、メロンやスイカの台木として用いられることもあります。

　花は虫が好む黄色です。そして上を向いた大きな花で雄花と雌花がそれぞれ咲きます。虫が来ないと受精できず、果実が肥大しません。花が上を向いているため、めしべの柱頭が雨で濡れやすく、雨天が続くと実がつきません。

【タネ播き・育苗】

　生育が早く、低温にも強く、他の果菜類に比べると容易です。しかし、意外に知られていないことに、発芽にはかなりの高温が必要で、25〜30℃くらい必要です。低温で長期間かけて発芽させると、双葉がくっついたり生長点に異常が起きたり、最悪、発芽しません。春先になるとよく「お宅で買ったカボチャの芽が出ません」という問い合わせがありますが、原因は温度不足です。カボチャを無加温で発芽させるなら4月、サクラの花が完全に終わってフジの花が満開になってからタネを播きます。

　ウリ科はもともと日長が短くなると花芽ができる短日性ですが、カボチャは特に強い短日性を残しています。苗を植える数日前に、トンネルの裾を少し開けて冷気が入るようにしたり、トンネルにかぶせる遮光資材を早くかけたりします。定植直前に冷気に当て、遮光して日照時間を短くすることで低温短日になり、雌花のつきがよくなります。

　カボチャは多肥など一般には甘やかしがちな栽培が行なわれやすいので、生殖生長が起きにくいことが多いです。また、ミツバチの数も減っているため、よいカボチャをつくるため

には株元から約10節目に確実に雌花をつけ受精させる必要があります。ちょうどその位置の花芽分化期が定植直前の育苗時期に相当します。

【栽培】

酸性や乾燥に強く、適応土壌条件も広いです。やや光線不足に弱く、30℃以上の高温で生育が悪くなり、落花します（8月の抑制栽培は開花時期の気候を予測し、早播きしすぎないようにします）。

肥料が多すぎると雄花が、少ないと雌花が多くなります。着果させるまでは追肥は控えめが原則です。着果したら、果実肥大に急速に養分が必要になるので、追肥が遅れないようにしましょう。1回の追肥量は約60g/m²、1株あたり約4握り（120g）程度です。カボチャのうどんこ病は、この追肥の遅れによって肥料が切れて、茎葉に行くべき養分を果実に回そうとして、うどんこ病に対する免疫力が落ちて発生すると思われます。

収穫したカボチャは品種によりますが、そのまま数日〜半月置いて水分を飛ばすと、デンプンが糖に変化しておいしくなります。

カボチャのタネ。発芽には、意外にも25〜30℃ぐらいの高温が必要。播きどきは、フジの花が満開になった頃

栽培

【植え付け準備】

発芽まではトンネルを作り苗床温度を25～30℃とします。低温に強いといわれるカボチャですが発芽するときは硬い種皮を割って芽を出さなければならずかなりのエネルギーを消耗します。30℃近い高温かつ短時間で一気に発芽させたほうが発芽率・発芽勢がよくなります。裏ワザですが、胚に傷つけぬよう種皮だけを爪切りで傷をつけると、弱い双葉の展開力でも種皮を割ることができ、発芽しやすくなります（❶）。

発芽後は20℃くらいのやや低温でガッチリした苗に育てます。本葉が出始めの頃育苗ポットに移植し、本葉が4～5枚頃に植え付けます（❷）。発芽後約30日くらいが目途です。

元肥は120～150g/m²くらい施します。カボチャは吸肥力が強いほうなので、控えめがよいでしょう。

定植前に夜間ややビニール被覆を開けて冷気にさらし、午後3時以降にトンネルの上から黒マルチなど遮光資材をかぶせ暗くして低温短日処理をします。

【植え付け】

地温が14～15℃以上になってから定植しますが、くらつきを作り根鉢を崩さないように浅植えします。適湿を保って活着と根の発育を促します。キュウリやカボチャ、スイカなどのウリ類は株元の地際を乾燥させるのがポイントです。ツル割れ病の予防になります。植え付けるときに本葉が4～5枚程度あれば生長点のある親ヅルの先端部分を摘芯します。なければ定植後本葉が5枚程度展開したら摘芯します。

これは同じ力の子ヅルを3～4本程度発生させ、各株同じ位置に雌花をつけるために大切な作業です。

ツルの長さが2.5mくらいにはなりますのでウネ幅は3m程度は必要です。植え方はいろいろありますが、通路からの管理が容易なウネの片側に1列に植え反対側にウネ方向とは直角に整枝する方法がおすすめです。ツル間は約25～30cm、3本仕立てで株間は90～120cm程度となります。

【手入れ】

1株あたり3本のツル（子ヅル）を出し、各ツルに1果を着果させます（❸）。着果位置は子ヅルの10節くらいがよいです。10節以下の雌花や孫ヅルは早めに摘除します。10節以降は基本的に放任でよいでしょう。

基本的に根とツルは一対一に対応しますのでツルが伸びたらツルの大きな移動や摘芯は大きなストレスになりますので絶対に避けてください。

【収穫】

開花後45日くらいが収穫の目安ですが、天候状態で若干延びることもあります。おいしいカボチャづくりのポイントは、品種によりますが、1週間～半月程度追熟させると水分が飛び、デンプンが糖化しうま味が増します。

❶ 育苗

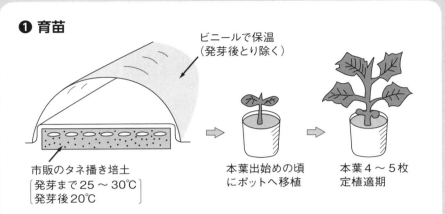

ビニールで保温
（発芽後とり除く）

市販のタネ播き培土
［発芽まで 25 ～ 30℃
発芽後 20℃］

本葉出始めの頃
にポットへ移植

本葉 4 ～ 5 枚
定植適期

● 種皮を傷つけると発芽しやすくなる。

❷ 定植

【1m² あたり】
堆肥　2kg以上
元肥　120 ～ 150g
ウネ幅　3m
株間　90 ～ 120cm

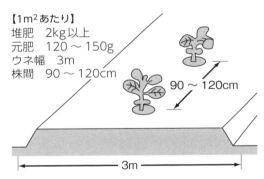

90 ～ 120cm

3m

● 地温 15℃以上は確保のこと。
● 前作のある場合は元肥は施さなくてもよい。
● 吸肥力があるのでツルボケに注意。

❸ 整枝と着果

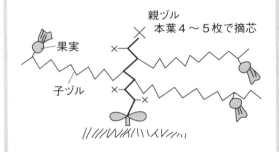

親ヅル
本葉 4 ～ 5 枚で摘芯

果実

子ヅル

● 強勢な子ヅル3本を残す。
● 子ヅルの10節くらいに雌花がつくので、
　着果させる。

カボチャの栽培暦

1月	2月	3月	4月	5月	6月	7月	8月	9月	10月	11月	12月

タネ播き　　定植　　　収穫

西洋系

※4月上旬～中旬まではホットキャップなどをかぶせる
　直播きは4月中旬からできる

スイカ

- 空梅雨に不作なし！
- 砂漠のような乾燥・強光線・高温で成功
- 人工交配は晴天、早朝、当日開花の雌花の三拍子揃えろ

科	ウリ科	原産地	熱帯アフリカ
播き方	育苗箱→ポット	根	広く、結構深い
葉	深く切れ込んでいる	花芽分化スイッチ	品種によるが高温で分化

ポイント

【特性】

　原産はアフリカ。南アフリカ中央部カラハリ砂漠と周辺サバンナともいわれています。高温、乾燥、強光線の環境です。砂漠のような環境が好きなので日本の梅雨が苦手です。梅雨越しがうまくいけばスイカは半分成功したようなものです。実際、空梅雨の年はメロンやスイカ、トマトが誰でも簡単につくれてしまいます。

　スイカの特性で忘れてはならないのが、耐酸性力です。pH5.0でも平気です。石灰が不要だとはいいませんが、必要性は低いです。スイカはカボチャ、ダイコン、ジャガイモも含めて前作の石灰で十分です。

　同じような育て方のカボチャと比較すれば一目瞭然！　本葉に切れ込みがあります。葉から水が逃げないよう、できるだけ蒸散を抑えようと進化しました。もともと育った環境では水分が少なかったことがわかります。

【タネ播き・育苗】

　カンピョウ台木の接ぎ木苗を購入して植える接ぎ木栽培をおすすめしています。ただ、台木を使わない実生栽培のスイカのうまさは食べたことない人には説明できないほどです。連作していない、砂質で日当たりよい畑があ

ればぜひ挑戦してみてください。

【栽培】

　スイカは原産が砂漠なので、できるだけ日当たりがよく水はけもよい畑を選びます。水持ちがよすぎると生育だけではなく、途中でツル割れ病などが発生して枯れてしまいます。

　露地栽培では運を天に任せるしかないのですが、定植後晩霜の心配がなくなるまではキャップ被覆が、1番花の受精完了までは覆えるトンネルがあると成功率が高まります。

　受精後約1.5カ月で収穫になるので、交配日時を正しく把握しておくことが重要です。カボチャのように未熟でも、過熱でも、おいしくなりません。ウネ幅2.5〜3mでウネ方向に直角で片側に寄せて定植し、3〜4本仕立てで同一方向に伸ばします。ウネの列に沿って受精期が同じ果実が一直線に並ぶので、収穫期の目安がはっきりして便利です。

スイカの葉は切れ込みがあり表面積も小さい。乾燥に耐え少しでも蒸散を減らすためだ。スイカに過剰な水分は不要
（みずほアグリサポート　高橋広樹撮影）

栽培

【植え付けの準備】

スイカは高温性で乾燥を好むため、陽当たりのよい場所でないといけません。また、連作障害が出やすいので、同じ場所で毎年続けてつくることは避けましょう。

植え付けの1カ月くらい前から堆肥を全面混和しておきます。スイカは酸性に強いので、前作があれば石灰はほとんど必要ありません。元肥もカボチャなど同様に120 ~ 150g/m²を定植1週間ほど前までに全面混和しておきます。ウネ幅は2.5 ~ 3mとしますが、排水がよく管理がしやすいようにウネの片側がやや高く反対側がやや低く傾斜するようなウネを作ります(❶)。

地温を上げるためと、病害予防のためにポリマルチをしたほうがよいでしょう。全面でなくとも定植側の片側半分だけでもよく、あと半分は敷きワラにすれば完璧です。

【植え付け】

苗は暖かい風のない日を選び、午後2時頃までに定植します(❷)。定植直後は苗が根傷みなどのダメージを最も受けやすいときです。ダメージを減らすには「温度」と「日照」が必要です。温度が高くたっぷり日を浴びられる日の出から午後2時までに定植すれば、ダメージが少なくてすみ、活着がよくなります。苗は、根を切らないようにポットをはずし、浅植えにします。植え付けはウネの端30cmのところに植え、株間は1mとします。植え付け後に水をやり、ホットキャップ(またはトンネル)をかぶせます。

【手入れ】

植え付け後7 ~ 10日すると活着します。霜の心配がなければキャップをとるか、頂点に穴を開けて換気します。本葉5枚で芯止めをします。

1株で子ヅル3 ~ 4本を出し、2果収穫します(❸)。1、2番花ではよい果実はとれないの

で、3番花を結果させます。3番花は子ヅルの20節前後につくので、そこまでの孫ヅルは摘除します(❹)。植え付け後40 ~ 45日頃に3番花(雌花)が開花するので、朝の6 ~ 9時に人工交配を行なえば、確実に着果します。

病気に対しては、雨のあとは必ず、晴天時でも10日に一度は殺菌剤を散布します。特に梅雨期の病害虫防除を徹底することが上作のポイントです。果実がピンポン玉になればツル先に追肥をします。ツルは方向を決めたらできるだけ動かさないように注意しましょう。

【収穫】

人工交配後45日前後で収穫できます。果実を叩いて、音で判断することがありますが、空洞果の判断ぐらいしかつかず、熟度を知るには確実さに欠けます。人工交配をしたときにいつ交配したか目印をしておけば熟度が判定できます。

❶ ウネ作り、定植の位置

【1m²あたり】
堆肥　2kg
元肥　120 〜 150g
ウネ幅　2.5 〜 3m
株間　1m

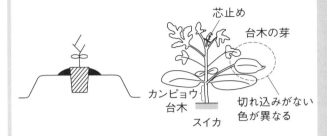

- ウネの片側がやや高く、反対側がやや低くウネ立てする。
- 植え付けはウネの端30cmのところに。
- 北側に植え、南面にツル出しが理想。

❷ 植え付け、芯止め

芯止め
台木の芽
カンピョウ台木
スイカ
切れ込みがない
色が異なる

- 深植えは厳禁、根鉢の肩を少し出し、地際が埋まらぬ程度に軽く土寄せしておく。
- 本葉5枚で芯止め。

❸ ツルの整枝

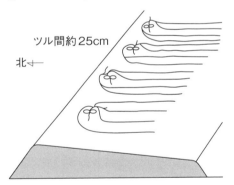

ツル間約25cm
北←

- ツルの先端を揃え、ツル間隔は約25cmぐらいに。
- ツルが重ならないように。
- 子ヅルから出る側枝（孫ツル）は3番花まで摘除する。
- 子ヅルの下には敷きワラを敷く。

❹ 人工交配位置と芽かき

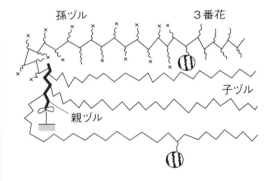

孫ヅル　　　　　3番花
子ヅル
親ヅル

- 親ヅルは5節で摘芯。
- 子ヅルの3番花（20節前後）にならせる。1 〜 2番花ではよい果実がとれない。
- 3番花までの孫ヅルは摘除する。
- 芽かきをしたときは必ず消毒する。
- 人工交配後の孫ヅルは摘除しない。

スイカの栽培暦

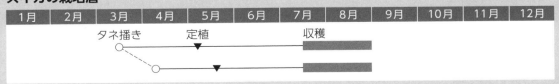

1月	2月	3月	4月	5月	6月	7月	8月	9月	10月	11月	12月

タネ播き　　定植　　　収穫

メロン

- ウネ作りはスイカやカボチャと同じ
- 結果したらすぐ孫ヅルの上を摘芯
- 肥大する前半は水やり、後半は水切りすると甘いノーネットメロン

科	ウリ科	原産地	アフリカ
播き方	ポット育苗	根	広く浅いがキュウリより深い
葉	キュウリより小さく丸く、毛がある	花芽分化スイッチ	低温と短日で雌花分化

ポイント

【特性】

　アフリカ原産。スイカと同じ原産ですが、暑さにはスイカほど強くありません。

　ウリ科は日長が短くなると花芽ができる短日性ですが、メロンは短日より夜間の低温で花芽が分化します。そのため春の遅播きや夏の早植えは花芽分化する時期が熱帯夜が続く盛夏期と重なり、雌花が飛びやすくなります。

　強光線も必要です。ハウス資材の古さや透過率の悪さが即品質に悪影響を及ぼします。

　また、着果後は十分乾燥させないと糖度が出ません。露地栽培や小型トンネルでは雨が多いと高糖度の果実はとれません。

【育苗】

　通気性と光が必要です。接ぎ木苗を購入して植えるのをおすすめしています。新土佐カボチャの台木は親和性があり使われることが多いです。

【栽培】

　メロンやマクワはスイカ以上に日当たりと昼間の高温、乾燥が栽培上必要な条件です。そして、降雨による病害をどうやって防ぐかが大きなポイントです。そのためハウスやトンネルなど雨よけ栽培ができるか否かが安定生産のカギになります。

栽培

【植え付けの準備】

　植え付けの1カ月前に完熟堆肥を2kg/m²以上、7日以上前に苦土石灰を200g/m²以上畑全面に振って荒起こしします。元肥約150g/m²程度、植え付けの数日〜7日前くらいまでにウネ全面に混和します。ウネ幅は2〜2.5mくらいで、根の生育、保護のためにポリマルチをすればさらによいでしょう。ウネは排水をよくするために、カマボコ型にし、ウネどりは東西ウネで、北側植え、南面ツル出しが最もよいです（❶）。

【植え付け】

　風のない暖かい日を選んで、霜害にあわないように注意します。深植えは禁物で、浅植えすると株元からの立枯病が防げます。

　植え付けはウネの片側30cmのところにし、株間は75〜80cmくらいです。植え付け後はホットキャップをかけて保温します（❷）。

【手入れ】

　植え付け後7〜10日すると根づくので、キャップを除去するか頂点を切り換気します。

　本葉4〜5枚で摘芯すると、子ヅルが出てくるので、生育の揃ったツル3本を残し、他を摘除します（❸）。子ヅルの8節目以降から出る孫ヅルの第1節に人工交配します（❹）。当

日に開花した雌花に雄花（当日開花でなくても
よい）をつけて回ります。子ヅル7節目までの
側枝（孫ヅル）は早めに除去します。また、着
果枝（孫ヅル）は葉を2枚残して摘芯します。
1株3本ヅルで、1ツル1～2果収穫が良品多
収となります。病害防除には徹底し、雨後に
は必ず殺菌剤で消毒しましょう。

【収穫】
　メロンの収穫は品種により35～55日くらい
までの差があります。品種の早晩性をよく知る
ことが大切です。完熟すると色、香りで判別
できるので、必ず完熟果を収穫しましょう。

❶ ウネ作り

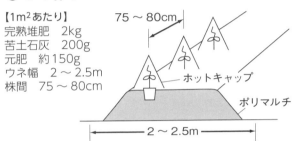

【1m²あたり】
完熟堆肥　2kg
苦土石灰　200g
元肥　約150g
ウネ幅　2～2.5m
株間　75～80cm

- 元肥は全面に入れ混和する。
- 植え付けはウネの端30cmのところ。
- 北側植え、南面にツル出しが最もよい。

❷ 植え付け

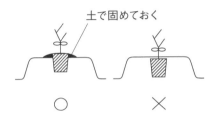

- 植え付けは、深植えは厳禁。根鉢
の肩を少し出し、地際が埋まらぬ
程度に軽く土寄せしておく。

❸ ツルの整枝

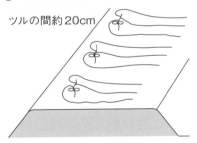

- ツルの先端を揃える。
- ツルとツルが重ならないように。
- 3本仕立て。
- 側枝は7節まで摘除。

❹ 人工交配位置と芽かき

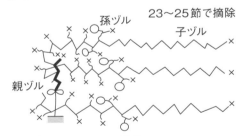

- 親ヅルは4～5節で摘芯。
- 子ヅルはウネ端(23～25節)いっぱいで摘除する。
- 着果位置(子ヅル7節)までの孫ヅルは摘除する。
- 着果枝(孫ヅル)は2葉残して摘芯する。
- 1子ヅル2果の収穫をする。

メロンの栽培暦

※可能なら定植後もトンネルなど簡易被覆をして栽培する。2月は温床を使う

イチゴ

- 露地イチゴの実のなる チャンスは一度だけ
- 深植え禁物、定植の向き を間違えるな
- イチゴは花が咲いて受粉 するまで気を抜くな

科	バラ科	原産地	オランダで交雑された
播き方	ランナーをポットで育苗	根	浅くひげ根
葉	濃緑で硬めの3枚葉	花芽分化スイッチ	15℃以上で短日、または5～10℃で低温

ポイント

【特性】

　現在のイチゴは北米と南米チリの原種の交雑種を元に18世紀頃にオランダで改良され、品種改良を重ねて誕生しました。

　イチゴは果実の周囲にタネができるからこそ果実が肥大します。タネができないと実は絶対に太らず、一部だけ受精してもいびつな形（変形果）になります。イチゴはキュウリのような受精しなくても実をならせる性質（単為結果性）がありません。寒い時期に果実をつけるにはハウスでは受粉蜂を入れたり、露地では筆で軽く花をこするなど人工交配させたりしないと正常に育ちません。

　イチゴはタネからも育てられますが、通常は初夏に株元から伸びるランナーで殖えます。イチゴのタネは果実の構造上とても小さく、大人になるまでに非常に時間がかかるのでクローンをつくる方法（ランナーによる栄養繁殖）を選択するようになったのでしょう。イチゴはランナーと呼ばれる茎を伸ばして栄養生長しますが、一定の方向にしか伸長しません。親株側に戻ろうとはしないのです。花を咲かせて実がつく花芽も、同じようにランナーの伸びる方向にしか伸びようとしません。

　伸びたランナーにできる子株を切って次代

の苗をつくるときは親側のランナーをやや長く残し反対方向のランナーを短くするなど区別がつくようにします（77ページ❷）。定植時には残したランナーを目印に花房（短く切ったランナー側）がウネの外向きに出るように植えます。プランター栽培など鉢でつくる場合も果房がプランターの内側に向かないように苗の方向に注意して植え込みます。

　生育適温は17～25℃です。約15℃以上なら短日下で花芽分化します。15～10℃以下になると日長に関係なく花芽分化します。

　佐世保（暖地）では、露地では秋の彼岸以降に植えれば15～25℃かつ短日の条件を満たし、自動的に花芽分化します。11月以降は急に温度が下がると休眠に入り、12～1月は茎葉の生長は止まります。地上部は元気がなくなりますが根は動いているので心配しないでください。3月頃、温度上昇と日長が長くなることにより休眠が解けると、花芽分化の気温と日長の条件が揃い花芽分化し始めます。4月に開花、5月に収穫すると気温は15℃以上になり、春の彼岸も過ぎているので日長も長くなり、花芽分化は停止しイチゴは収穫できなくなります。

　ハウス栽培では、8月に夜14時間ほど10℃以下の冷蔵庫に入れ低温短日育苗をします。強制的に花芽をつけるようにして9月に植える

カコミ 日持ち優先のイチゴ育種事情

　品種改良をするためには普通は交配させなければいけません。しかし、イチゴのタネは果実の上についた小さな黒いツブツブです。それをとって芽を出し新しい株を育ててその果実を検定できるようになるまでには長い時間と手間がかかります。また同じ果実からとれたタネとはいえもともと雑種なので多種多様な品種が生まれる可能性もあります。イチゴの品種改良は野菜の固定種育成よりかなり難しいです。

　そのような事情の中、現在は硬めで輸送の利く日持ちのよい性質を最優先にイチゴの品種改良が進められています。味の向上は第二の目的なのです。

　また、露地栽培では通常の一季なりの品種は5月頃のわずかな時期しか収穫できません。四季なりは長日でも花が咲く性質があるので夏～初秋まで実がつきますが、一般に味が劣ります。それでハウス栽培を前提とし、収穫できる期間を延ばす目的に特化したハウス専用の品種しか開発されなくなっています。このような理由で、家庭菜園など小規模栽培に向く、おいしくて、病気に強く、露地でもできる品種は非常に少なくなってきたといえるでしょう。かつて一世を風靡した、とよのか、宝交早生などが最適なのですが、プロの世界はまるで別世界のようです。まったく違う新品種が次々と生まれ、県ごとに、年ごとに目まぐるしく品種が移り変わっているのが今の"イチゴ業界"の現状なのです。

と年内どりできます。また、露地で生育が止まる冬でもハウス内では15℃以上を維持でき、3月下旬までは短日であるため連続して花芽ができ果実を収穫し続けられます。

　5月以降は露地もハウスも茎葉が伸長する栄養生長の時期になります。ランナーが盛んに出るようになるので秋に植える苗づくりを行ないます。

　イチゴは、温度と日長さえコントロールできれば一季なりのイチゴでも年中収穫ができる可能性を秘めているのです。

【育苗】

　タネでも殖やせますが品質が固定しないうえ非常に時間がかかりますので、親株から伸びたランナーにできる子株を使い苗をつくりま

す。15℃以上の長日のときは、果実は肥大せず、ランナーが出ます。ランナーのクラウンの下に培養土を入れた10.5cmポットを置き、クラウン部分が少し土にめり込むように押し込んでU字の針金で固定します。

　イチゴは太郎次郎三郎四郎…と連続して苗が取れます。プロは一つの親株から40～50本の苗をつくれるそうです。まずは20株くらいを目指しましょう。

　イチゴの最適なpHは5.5～6.5とされていて、意外に酸性に強いです。ダイコンと同じぐらい強いです。ハウス栽培などは雨よけするとカルシウムが蓄積し、他のマグネシウムや亜鉛などの塩基性微量要素の吸収も阻害されるので、石灰の入れすぎにはくれぐれもご注意く

ださい。

　根系が浅いためか乾燥が大嫌いです。定植後はもちろんランナーから苗をつくるときなど、他の野菜苗と比べ非常に乾燥に弱いです。いったんしおれさせてしまうともとに戻りません。乾く直前にかん水するくらいの気持ちでいないとイチゴの苗づくりは失敗します。ただし水をやりすぎると致命的な炭疽病などが発生します。特にクラウン部分など葉が密集して風通しが悪い部分が過湿にならないように注意してください。

【栽培】

　イチゴはバラ科の植物です。花弁が5枚ついていてサクラやウメ、モモなどとまったく同じ花の構造をしています。同じグループなのでうどんこ病や灰色カビ病など主要な病気はみな感染しあい、同じ薬剤が使える場合が多いです。農薬の登録をよく確認してから予防的に薬剤散布を行ないましょう。

　特にイチゴはトンネルなど被覆をかぶせて加温しますが時期的に12～3月の少日照のときが多いです。これに多湿とチッソ過多の条件が加わるとほとんど確実に病気が出ます。ハウストンネルでは早朝の換気が病気予防に有効です。露地ではウネを高めにして水はけをよくし、かん水するときは葉裏に水がはね上がらないように慎重に作業してください。

　花は普通、サクラと同じように、くっついていない5枚花弁ですが、頂果房などに花弁が6枚つくときは栄養状態がよすぎる兆候なので、摘花します。

栽培

【植え付け準備】

　ハウスでは収穫期間約4カ月と長く、平均収量も高くなりますが、露地栽培ではその期間がもっと短くなります。目標収量をハウスの約4分の1とすると最大で1kg/m^2、株あたり250gになります。これはL玉で約15個分です

からかなりハードな目標になります。

　秋に定植し、5月に収穫する場合、栽培期間が長く途中で休眠があるので、安全のため堆肥を使います。元肥：追肥1回目：追肥2回目の比率が4：2：4の割合で施します。花芽分化期は低温で日照時間が短いのでリン酸とカリを多めに施します。

　堆肥1kg/m^{2}を定植30日前まで全層混和し、元肥は10：15：15（PK重視）を40g/m^2、7日前までに全層混和します。石灰はホウレンソウなどがよくできる畑では不要ですが、そうでなければ50～100g/m^{2}ほど7日前までに全層混和します。

　ウネ幅120cm、通路幅40cm、条間は40cmの2条植えの株間30cmでウネ立てします。収穫時に果房が汚れないように25cm以上の高ウネにします。高ウネはナメクジの害を防ぐためにも有効です（❶）。

　ウネが乾燥している場合はかん水し、定植までにマルチをかぶせると準備完了です。なお、直前にマルチするので元肥は化成肥料を使い、発酵ガスが出ないように十分注意します。

【植え付け】

　苗には方向性がありランナーの出る方向に花芽ができます。普通、ランナーの親株側を長く残して切り落とし、どちらのランナーが親株側かわかるようにして、そちらをウネの内側に向け、花芽の出る方向がウネの外側になるように定植します（❷）。

　ランナーからつくった苗はランナーを水平にするとやや前のめりに傾斜しています。この性質を利用すればランナーの目印に頼らずとも定植の向きを決めることができるのでぜひ覚えておきましょう。

　定植するときはクラウンを土に埋め込まない程度に浅植えします。深植えするとクラウン（生長点）が病気になり花芽や葉が出てこなくなります。逆に浅すぎると根が露出してしっ

かりと活着しにくくなります。太根の出ている部分が隠れる程度が目安です。古葉などを摘葉したり、わき芽をとったりするとクラウン部が浮いて根が露出することがあるので、少し土寄せをしておきましょう。

【手入れ】

佐世保では10月に花芽分化が止まり、すぐ休眠に入ります。寒肥として11月頃に軽く10：10：10を20g/m²（約1握り）株間に追肥します。マルチをしているのでウネの中央（条間）、株の中間あたりの位置で株間の距離で穴を開けて施肥します。その穴にかん水しておくと早く効果が出ます。かん水チューブを中央に入れておくのが理想です。

2月には休眠が終わり3月頃から急に太りだすので、その頃にもう一度追肥します。40g/m²を休眠前の追肥と同じ場所に施します。

施肥量が多すぎると花芽が飛んで着果しないので追肥量にはくれぐれも注意しましょう。

【収穫】

収穫は果実の色を見て判断します。家庭菜園ではすぐ食べるので完熟どりで問題ないのですが、そうでない場合は完熟の一歩手前がいいです。日持ちがよくなります。

ガクを持ち上げてガクの付け根まで果実が赤くなっていると適期を過ぎてしまっています。ガクの下にやや白味が残っている程度で収穫します。

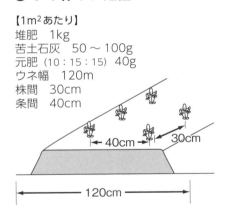

❶ ウネ作り、定植

【1m²あたり】
堆肥 1kg
苦土石灰 50〜100g
元肥（10：15：15）40g
ウネ幅 120m
株間 30cm
条間 40cm

40cm 30cm
120cm

● 25cmほどの高ウネにする。
● 乾燥が苦手なので十分かん水する。

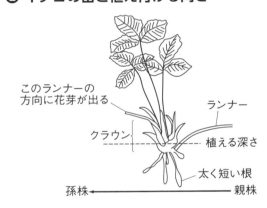

❷ イチゴの苗と植え付ける向き

このランナーの方向に花芽が出る
クラウン
ランナー
植える深さ
太く短い根
孫株　親株

● 花芽が出る短く切ったランナーの側をウネの外に向かって植え付ける。
● クラウンが土に埋まりきらない程度に浅植えする。

イチゴの栽培暦

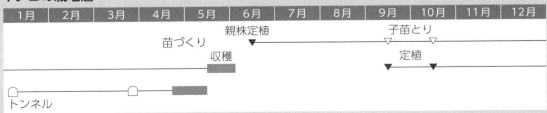

※寒い期間にトンネルをかけると、1カ月ほど収穫が早まる

オクラ

- フジの花が咲いてから直播きせよ
- 複数仕立てで収量倍
- オクラとったら、下の葉とるべし

科	アオイ科	原産地	エチオピア
播き方	直播き	根	直根系
葉	5つに切れ込み	花芽分化スイッチ	高温で自然分化

ポイント

【特性】

エチオピア原産のアオイ科。エチオピアは年中乾燥状態で日本のような冬がなく温暖です。オクラは低温になるとイボ果などの生理障害が起きやすく、低温多湿で極端に発芽や育苗がしにくくなります。発芽しにくく、移植もしにくいですが、いったん太りだすと高温乾燥に強く、非常につくりやすい野菜です。

近年は健康志向なので、ネバネバ成分に健康機能性があるオクラは果菜類の中では最も有望です。生産も消費も右肩上がりのように感じている野菜の一つです。

【タネ播き】

基本的に移植しません。移植の場合は非常に活着しにくいので若い苗を数本生やした状態で行ないます。根鉢を崩さないように、細心の注意を払ってていねいに行ないましょう。

【栽培】

オクラは収穫しながら下葉は取り除き、上へエネルギーが集中するように仕立てます。

栽培

【タネ播き準備】

毎年連続というわけにはいきませんが、オクラはそこそこ連作できます。あまり畑は選ば

ず、準備として、1m²あたり、堆肥2kg以上、苦土石灰約200g、元肥として約100g/m²程度を元肥として全層に施肥します。ちなみにタキイの「ヘルシエ」など原種に近い品種は元肥を入れるとまったく花が咲かなくなります。品種によっては元肥ゼロとし、追肥で補うほうがいい場合もあるので品種の特性をよく調べて施しましょう。ウネ幅1.5mで整地し、2条播き株間は20〜30cm以下とします（❶）。

【タネ播き】

オクラはそのまま播いても芽が出にくいので、タネに傷をつけ、半日ほど吸水させてから播きます。硬い種皮はタネが少量なら、爪切りでヘソではないところにカリッと白い部分が見えるくらいに傷をつけ、タネが大量なら、粗めの砂で軽く揉みます。

高温性のオクラは非常に移植を嫌うので、フジの花が咲く頃に1カ所に最低5〜6粒播き、株が傷まないように、必ずハサミなどで間引きます。

【手入れ】

発芽後約1.5カ月たつと1番花が開花します。朝に咲いて午後にはしぼみます。1番花が結実したら第1回目の追肥をします。その後は2〜3週間間隔で少量ずつ追肥します。約50g/m²くらいが適当です（❷）。

最下段の実から下2枚の葉は残し、それより下の葉はすべて取り除きます。花は上方向にしかつかず、実の肥大に寄与するのは直下の葉2枚ぐらいで、それ以下は養分を浪費するだけなのです（❸）。

【収穫】

開花後5日くらいで、とり遅れないうちに収穫します。気温が低いと、イボイボが果実の表面に発生する場合があります。これは品種によって差があり、病気ではありません。

❶ ウネ作りとタネ播き

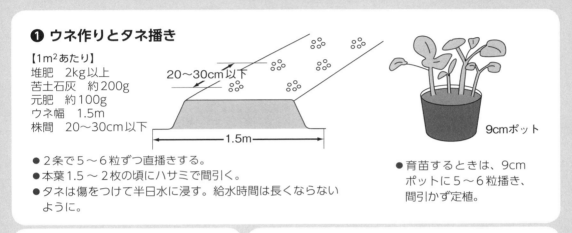

【1m²あたり】
堆肥　2kg以上
苦土石灰　約200g
元肥　約100g
ウネ幅　1.5m
株間　20〜30cm以下

20〜30cm以下
1.5m
9cmポット

- 2条で5〜6粒ずつ直播きする。
- 本葉1.5〜2枚の頃にハサミで間引く。
- タネは傷をつけて半日水に浸す。給水時間は長くならないように。
- 育苗するときは、9cmポットに5〜6粒播き、間引かず定植。

❷ 仕立て

追肥　約50g/m²（1回あたり）

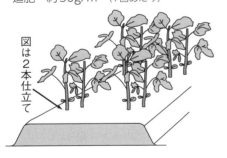

図は2本仕立て

- 2〜4本仕立てにする。
- 1番花が結実したら追肥する。

❸ 整枝と葉かき

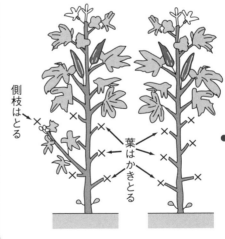

側枝はとる
葉はかきとる

- 最下段の実から下2枚を残し、それ以外の葉や側枝は摘除する。

オクラの栽培暦

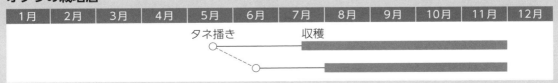

| 1月 | 2月 | 3月 | 4月 | 5月 | 6月 | 7月 | 8月 | 9月 | 10月 | 11月 | 12月 |

タネ播き　収穫

ソラマメ

- 酸性嫌うが手間いらず、冬の菜園にもってこい
- 薄く育てりゃいい実がたくさん
- 直播き、摘芯、小苗で三拍子揃えて越冬

科	マメ科	原産地	カスピ海南方や北部アラビア地方
播き方	直播き	根	直根系で深く広い
葉	葉は大きくないが葉数は多い	花芽分化スイッチ	タネで低温(シードバーナリ)

ポイント

【特性】

カスピ海南方や北部アラビア地方原産。寒さには強いですが酸性を極端に嫌います。開花期以外は乾燥が大好きです。

マメ科です。ソラマメはタネ播きのあと、しばらく低温にさらされると花芽ができます(シードバーナリ)。寒さに強く暑さに弱い性質があるので秋に播いて冬を越し、春から初夏に収穫します。ソラマメはあまり手がかからず冬の菜園にはもってこいの野菜です。

エンドウもそうですが酸性に非常に弱く、pH6.5〜7.0が適正範囲なので、十分な石灰を施しましょう。

【タネ播き】

基本的に直播きです。やむなく育苗する場合は、大きめのポットに植えて、若苗を定植します。

【栽培】

基本的には石灰と堆肥と控えめの元肥でよいです。根粒菌が働くため生育前半のチッソ分はほとんど必要なく、光合成や根粒菌の活動のために元肥には主にリン酸とカリが必要です。ソラマメは本来水をあまり必要としない作物で過湿条件では障害が出ます。また、ソラマメは根が弱く深く張れないのでリン酸の

吸収力が弱いです。高ウネにすると水はけがよく根系が深くなりリン酸の吸収力が増します。

栽培

【タネ播き準備】

エンドウと同じく、酸性土壌に特に弱いので、石灰を入れてpH6.5〜7.0にします。タネを播く7日前までに苦土石灰を200g/m²以上全層混和しておきます。堆肥はタネ播き30日程度前から1kg/m²程度を全層混和しておきます。元肥はリン酸とカリ主体の化成肥料をタネを播く直前〜数日前までに全層混和します。

また、ウネ幅75〜90cmの排水のよい高ウネを作ります(❶)。

【タネ播き】

10月末から11月に株間60cm以上に2粒ずつおはぐろを下に向けて播き、覆土はタネが見えるか見えない程度の厚さにします。ポット育苗は、若苗を植えたほうが活着がよくなります。エンドウ同様に小苗で冬越しをすることが大切なので早播きしすぎないようにしてください。

【手入れ】

春先から生育が急速に進み分枝が多くなります。開花する頃に追肥約50g/m²を施しましょ

う。よいサヤがつく枝は複葉が20〜25枚のもので、それより小さい分枝は取り除き、光線透過をよくします（❸）。整枝後は5〜6cmの厚さに土寄せし、倒伏を防ぎます（❷）。

【収穫】

5〜6月収穫で、開花後30〜40日、サヤを調べてみて実の太ったものから収穫します。仁徳一寸など最近の品種は、サヤが下を向きかけた頃、やや若どりしましょう。

最近の一寸系大莢品種ではサヤの下向きだけで判断しやや若どりをしたほうが、種皮が柔らかくおいしくいただけます。

❶ ウネ作り、タネ播き

【1m²あたり】
堆肥　約1kg以上
苦土石灰　200g以上
元肥（3：10：10）
　100〜150g
ウネ幅　75〜90cm
株間　60cm以上

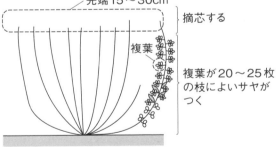

- 苦土石灰は必ず入れる。
- 十分に吸水させたタネを2粒ずつ播く。
- 一寸系はより広い株間で育てる。

❷ 土寄せ

追肥（チッソが主体）
約50g/m²

第1回　12月下旬　第2回　3月中旬

- 倒伏防止のために枝の間隔を広げるように1回目の土寄せ。
- 有効でない分けつや分枝を抑制し、倒伏を防ぐために2回目の土寄せ。
- 開花する頃に追肥する。

❸ 整枝

播く時期によるが、高さ60cm〜1mの先端15〜30cm　摘芯する
複葉
複葉が20〜25枚の枝によいサヤがつく

- 株間が60cm以上あると、10本仕立てにできる。
- 摘芯して出た本葉は太く短い。

❹ 収穫

- 上向きのサヤが下向きになり、実の肥大がわかり、包合線が少し色づいた頃が適期。

ソラマメの栽培暦

※10月播きは12月上旬に摘芯する

エダマメ

- ダイズ、アズキはアゼに播け
- 開花したら水やりを忘れるな
- エダマメは遅播き、ダイズ早播き厳禁、実がスカスカに

科	マメ科	原産地	東アジア
播き方	直播き	根	直根系
葉	小さい	花芽分化スイッチ	低温短日（ダイズは短日）

ポイント

【特性】

　ダイズの原産は東アジアです。ダイズの若どりをエダマメといいます。ダイズには日長が短くなると花芽ができる短日性の秋ダイズと、日長に影響を受けない夏ダイズとがあり、エダマメは夏ダイズに属します。高温になるとストレスを感じて開花結実します。根に根粒菌が共生するので元肥にチッソは不要です。葉は丸い葉っぱが3枚セットです。花は白～薄紫色でマメ科特有の蝶の形です。多くのマメ科と同様に自家受精です。エダマメはインゲンなどより低温に強く、やや早播きできます。

【タネ播き】

　ダイズは水田裏作につくられることが多いので浅根性だといわれますが直根が発達するので深い耕土で増収します。

　マメ科は直根タイプなので、できるだけ移植はしません。6～7月が露地の収穫時期なので、3月下旬から4月がタネ播きの最盛期です。マメ類の最大の難関はタネ播き後のハトやカラスの食害です。必ず鳥獣害対策をします（後述）。栽植密度は約6株/m²くらいが最適です。

【栽培】

　エダマメは、開花期が高温すぎると開花しにくく、開花しても花が落ちます。あまり遅播きしないようにしましょう。

　マメの開花～肥大期に十分な水分がないと実がスカスカになります。着果には強い光が必要です。開花しても株間が狭かったり曇天が続くなどして光が不足すると、受精できないのでサヤがついてもスカスカのままです。

栽培

【タネ播き準備】

　私の地元・佐世保では「ダイズ、アズキは肥料をやるな」「ダイズはアゼに播け」と言い伝えられています。前作に秋野菜をつくったあとでは、まずチッソの元肥はほとんど必要ありません。完熟堆肥1kg/m²、苦土石灰100～150g/m²、各成分10%くらいのリン酸とカリの配合肥料を50～100g程度、元肥として全層によくふりこんで整地しておきます（❶）。

　前作がない場合や水田の後作では10：10：10の配合肥料を元肥として50g/m²入れます。元肥を少なめとしているので、開花時期に、10：10：10の配合肥料50g/m²以下を追肥し、中耕土寄せを行ないます。

【タネ播き】

　エダマメはインゲンよりやや低温でも発芽します（❷）。生育適温は20～25℃で、30℃以上の高温になると受精することができなくなり

ます。6月以降に播くと不稔が多くなるので避けたほうがよいです。

　ウネ幅は120cmの2条植え。株間は25cmから30cmくらいが適当です。間引いて最終的に2本立てとするので1カ所に3〜4粒くらい播きます（②）。後の生育が断然違うので移植はしないほうがよいです。特にカラスやハトが播いたタネをねらいにくるので、必ず防鳥ネットなどをウネの上に張って対策しておきます。

【手入れ】

　花が咲き、受精しても、実の肥大期に水分が不足すると、スカスカのマメになります。開花後雨が降らないときはかん水しましょう。

【収穫】

　開花後約1カ月で収穫期となりますが、実がふくらみかけたら早めに収穫します。

---

❶ ウネ作り、タネ播き

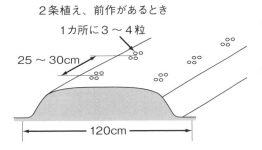

【1m²あたり】
完熟堆肥　1kg
苦土石灰　100〜150g
元肥（3：10：10）
　　　50〜100g
ウネ幅　120cm

株間	早生	中生
	25cm以上	30cm

2条植え、前作があるとき
1カ所に3〜4粒
25〜30cm
120cm

● 1条植えのときは、ウネ幅60cm、株間25cm。
● 早生より中生の品種のほうが、背が高く、株間は少し広くとる。

❷ 発芽

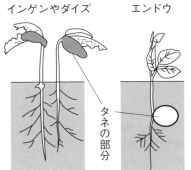

インゲンやダイズ　　エンドウ

タネの部分

● インゲンよりやや低温で発芽する。
● 覆土が浅かったり押さえ方が足りなかったりすると芽が正常に展開できない。

❸ 間引きと追肥

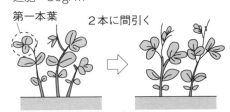

追肥　50g/m²

第一本葉　　2本に間引く

● 本葉1枚頃に2本に間引く。
● 開花時期に追肥して土寄せする。

エダメメの栽培暦

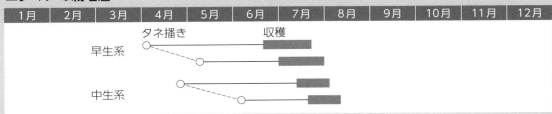

1月	2月	3月	4月	5月	6月	7月	8月	9月	10月	11月	12月

タネ播き　　収穫

早生系

中生系

エンドウ

- 寒さに強く、暑さに弱い
- エンドウは連作嫌う、7年はあけろ
- うどんこ病対策には、風通しと着果後の追肥が不可欠

科	マメ科	原産地	中央アジア、中東
播き方	直播き	根	直根系
葉	小さい	花芽分化スイッチ	低温短日

ポイント

【特性】

マメ科で、原産は中東、中央アジアです。エンドウもソラマメと同様に、寒さにあい日長が短くなると花芽ができます。寒さに強く暑さに弱い性質もソラマメと同じです。根粒菌のおかげでエンドウもあまり元肥にチッソ肥料は必要としません。

湛水を嫌うので、水田後作などは高ウネにするなど排水に特に注意が必要です。

他のマメ科とエンドウとの著しい違いは花のつき方にあります。エンドウは花の花弁が5枚で左右対称です。まるで蝶のような形をしています。また、2つずつペアで花がつきます。エンドウで興味深いのは、白花は白っぽいタネですが、黒っぽい色をしたタネの花はほぼ赤系の色をしているところです。

【タネ播き】

エンドウはツルありインゲンほどの株間はいりません。サヤエンドウではダイコン並みの株間20cmでやや密植の5株/m²とします。実エンドウはハクサイ並みの株間30cmでやや疎植の3株/m²とします。わい性の極早生種は8～9月に播いて秋に収穫開始できる品種もあります。

【栽培】

追肥しないと、うどんこ病が発生しやすくなります。ツルが出るエンドウ類は後半繁茂すると株の内部が光不足となって光合成が十分できなくなり、体力不足となるからです。また、混み合って風通しが悪くなると、うどんこ病の胞子も定着しやすくなります。可能な限り疎植で植えましょう。

栽培

【タネ播き準備】

エンドウは日当たりがよく、水はけのよい場所が最適で、酸性土壌を嫌います。タネ播き約10日前までに石灰を200g/m²と、堆肥を十分に施し、深耕して高めのウネを作ります（❶）。元肥のチッソは少なくリン酸とカリを主体として施します。また、連作すると生育が悪くなるので連作は避けることが大切です。最低でも4～5年、最大7年は同じ場所を避けましょう。

【タネ播き】

エンドウは本葉3枚くらい、高さ10cm以下の小苗のうちなら寒さに強いが、早く播いて苗が育ちすぎると寒さに負けて枯死します。秋遅く（10月末～11月）にタネ播きをして、小苗で越冬させます（❷）。ウネ幅90cm、株間30cm、ツルなし種はウネ幅75cm、株間20cm

を標準に1穴3〜4粒ずつ播きます。

【手入れ】

　降霜の多いところでは霜除けが必要です（**❸**）。春にはツルあり品種では支柱が必要で、ヒモなどでツルを誘引します。着果したら忘れず追肥しましょう。

【収穫】

　サヤエンドウはサヤが硬くならないうちに収穫します。実エンドウはグリンピースで食べます。実エンドウの収穫適期はサヤの色や皺などで判断しますが、久留米豊や南海緑などの濃緑系はやや若どりしないと皮が硬くなってしまいます。一方、ウスイ・白竜はサヤが白変しても皮が硬くならずデンプンが多いので美味なのですが粒が小さめです。

❶ ウネ作り、タネ播き

【1m²あたり】
堆肥　1kg/m²
苦土石灰　約200g/m²
元肥（3：10：10）
　　50〜100g/m²
ウネ幅　90cm
株間　30cm

30cm

90cm

● 1穴3〜4粒播く。
● ツルなしエンドウはウネ幅70cm、株間20cm。

❷ 冬越し

土を盛る

堆肥かモミガラ

● 本葉3枚くらい、高さ10cmほどで越冬させる。
● 株の北側に土を盛り、株元に堆肥かモミガラをかけて防寒対策する。

❸ 支柱立て、追肥

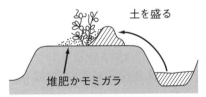

追肥（チッソが主体）50g/m²

支柱、ヒモ　　　　支柱　　　ヒモ

2m

（2m間隔で、約1.8mの高さ）

約1.8m

支柱・ネット

支柱

誘引ネット

● 春になると支柱を立てて誘引する。
● 着果したら追肥する。

エンドウの栽培暦

1月	2月	3月	4月	5月	6月	7月	8月	9月	10月	11月	12月

収穫

タネ播き

被覆

極早生スナップや
極早生の絹サヤ

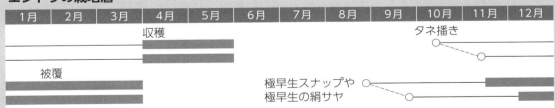

※極早生スナップや「貴笹」（アサヒ）などの極早生の絹サヤは12月以降は支柱・ネットごと寒冷紗などで被覆すると3月まで収穫できる

インゲン

- 寒さに弱く、暑さに強い
- 春はサクラの花が散ってから直播きすべし
- 7月下旬から8月まで二度目のタネ播きチャンス

科	マメ科	原産地	メキシコ南部、中央アメリカ
播き方	直播き	根	直根系
葉	小さい	花芽分化スイッチ	適温で自然分化

ポイント

【特性】

　マメ科で、原産はメキシコ南部、中央アメリカです。ソラマメやエンドウとは正反対で、寒さに弱く暑さに強い性質があります。根粒菌はつきますがエンドウほどではないので、元肥が少々必要で、結実後に少量追肥でよいと思います。暑さに強いといっても真夏の30℃を超えるような高温は苦手で、高温期に開花するような作型では樹は茂っても実がつきません。タネはダイズなどと同様に双葉の位置に展開してしなびます。

【タネ播き】

　直根タイプのマメ科なので移植はしません。移植するメリットが見つかりません。ツルあり種はエダマメよりやや疎植でキャベツと同じくらいの密度、ツルなし種はツルあり種よりややせまい株間でも大丈夫です。

【栽培】

　インゲンの育ちは、株間すなわち光の当たり具合で決まります。光が少ないと、そもそも着果しません。また着果しても少なく、曲がりなどが増えて品質が著しく悪くなります。可能な限り株間をとって光に当てます。

栽培

【タネ播き準備】

　インゲンは光に敏感という性質があります。密植や過繁茂は光合成が阻害されるため、開花が抑制され、落果も促進されます。ツルあり種でトマトと同程度の2〜3株/m²、ツルなし種で5株/m²が適当です。他のマメ科よりチッソがやや多く必要です。元肥として、1m²あたり、堆肥約2kg、苦土石灰約150g、10：10：10の配合肥料で少なめの元肥約50gをあらかじめ施します（❶）。

【タネ播き】

　15〜25℃の少々高めが生育適温です。特に20℃以下では発芽が極端に悪くなります。露地ではサクラの花が散ってから播くようにしましょう（❷）。インゲンのタネは硬実ではなく、腐敗するので水に浸けずに播きます。

　発芽したら、2本を残して残りをハサミで切って間引きます。

　ツルなし系やツルあり系のモロッコなどは特に高温に敏感です。7月中旬〜8月上旬の高温期を避けて開花するようなタネを播く時期を選びましょう。

　春は佐世保では4〜6月上旬まで、夏は7月中旬〜8月が播きどきです。1株2本仕立てで、タネは1カ所に4粒播きます。

【手入れ】

　追肥は控えめの元肥を補うため、1番花の開花を見てから与えます。追肥の量は50～100g/m²です。ツルなしは1回だけで十分。ツルありは2～3回に分けて50g/m²くらいを与えます（❸）。

キュウリネットや支柱を立てて、倒伏して実に土がついたりしないようにしましょう。

【収穫】

　開花したら、2週間くらいで収穫していきます。遅れるとスジが発達しサヤも硬くなっておいしくなくなります。

❶ ウネ作り、タネ播き

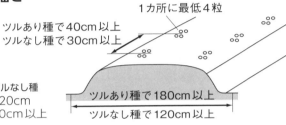

【1m²あたり】
堆肥　約2kg
苦土石灰　約150g
元肥　約50g

ウネ幅	ツルあり種 180cm	ツルなし種 120cm
株間	40cm以上	30cm以上

1カ所に最低4粒

ツルあり種で40cm以上
ツルなし種で30cm以上

ツルあり種で180cm以上
ツルなし種で120cm以上

● 連作障害が出るため数年あけて作付けする。
● 他のマメ科よりもチッソ分多めの元肥を施す。

❷ 発芽

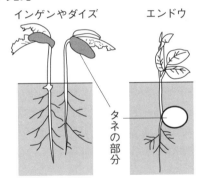

インゲンやダイズ　　エンドウ

タネの部分

● 覆土が浅かったり押さえ方が足りなかったりすると、芽が正常に展開できない。

❸ 仕立てと追肥

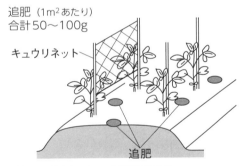

追肥（1m²あたり）
合計50～100g

キュウリネット

追肥

● 株間や条間に2～3回追肥する。
● ツルなしでも倒伏しないように、ネットや支柱を立てる。

インゲンの栽培暦

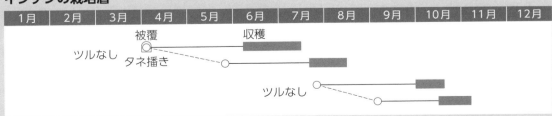

1月	2月	3月	4月	5月	6月	7月	8月	9月	10月	11月	12月

被覆
収穫
ツルなし
タネ播き

ツルなし

※6～7月中旬は播くのを避ける。9月上旬まで播けるのは、暑い夏の年だけ。大型のトンネルをかけて早播きする場合でも、露地播きの1カ月～3週間前までにする

トウモロコシ

- 違う品種は近くに植えるな
- 露地播きは、人が播いてからゆっくり播け
- 移植厳禁、直に播け

科	イネ科	原産地	中南米
播き方	直播き	根	直根に似た深く伸びる多数の根
葉	イネ科では広い	花芽分化スイッチ	適温で自然分化

ポイント

【特性】

　原産は中南米。太陽がジリジリ照りつけるイメージです。ですからトウモロコシは強い日照が必要です。また22～30℃が生育適温なので、やや高温が適しています。特に発芽適温は25～30℃なのでかなり高温を必要とします。弱酸性で、有機質に富む耕土が深く水はけのよい畑がよいです。

　トウモロコシは風媒花で他家受粉なので、近くにある他の品種と交雑します。甘くない飼料用トウモロコシなどの花粉がかかると、スイートコーンの甘さが飼料用トウモロコシのレベルに落ちてしまいます。飼料用トウモロコシが近くにあるときは、出穂がずれるように播きどきを変えるとか、距離をかなり遠ざけるなどの対策が必要です。

　通常果実の形質は母親の体細胞なので、父親のDNA（花粉）ではなく、母親のDNAが決定づけます。しかし父親である花粉の力が果実の形質に優勢に働くこの性質をキセニアと呼びます。

　普通の果実はメスの体の一部にすぎず、たとえば大玉縞スイカと小玉黄色スイカを混植し交配したとしても果実（食べる部分）にはまったく影響が出ません。一方、トウモロコシの食べる部分は果実ではなく実はタネそのものであるため、キセニアの大きな影響を受けます。

【タネ播き】

　低温だと発芽しにくいです。特に近年糖度の高いスイートコーンのタネはシワシワしており、貯蔵養分も少なめで、低温では発芽力が弱い傾向があります。十分暖かくなってからタネ播きします。

　トウモロコシは根の力は強いのですが、切れてもタマネギのようには再生しません。また、セル苗で定植が遅れると根が回り込んで力が十分機能できないため、背丈の小さいうちから出穂します。クズ果しかできなくなるので、移植は可能な限りすすめません。

【栽培】

　最近のゴールドラッシュなどの強甘味種ほど若いうちで収穫します。遅くなると、糖が減りデンプンが多くなってシワシワの実になるからです。茹でるとさらにひどくなります！　出穂以降の果実の肥大期はエダマメなどと同じく水分が最も必要な時期です。乾燥しないように注意してください。

栽培

【タネ播き準備】

　比較的吸肥性が強いのでやや控えめに1m²

あたり堆肥2kg、苦土石灰100g、元肥150gくらいを目途に施します。不足分は追肥で補います。ウネ立て後、黒のマルチングをして植え穴をカミソリで十字に切って開けます。1穴に2〜3粒のタネを播き覆土をします（**❶**）。

【タネ播き】

　スイートコーンは低温に弱く、晩霜が終わってから播きます。根切れに弱いので、間引くときや株元の草抜きには注意します。

【手入れ】

　草勢を見て、開花前に2回ほど追肥し、倒伏防止のため肥料と一緒にウネ間の土を株元に土寄せします（**❷**）。わき芽を残すと倒伏を防げます。最近の品種は1株1果どりです。雌穂が多数出たときは下側の弱いほうは早めにヤングコーンとして取り除いておきましょう。

【収穫】

　播いてから約80〜90日で収穫します（**❸**）。

果菜類

❶ タネ播き

【1m²あたり】
堆肥　2kg
苦土石灰　100g
元肥　150g
ウネ幅　130cm
株間　30cm
条間　50cm

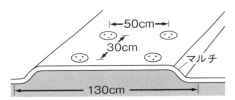

- 播き穴は少し深めで一穴2〜3粒播き、上に3cmくらいの覆土をする。
- 苗が10cmくらいになったら、ハサミやカミソリを使って間引く。
- 根を切らないよう、小さいうちに草をぬく。

❷ 土寄せ

【1株あたり】
追肥　10g

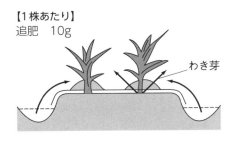

- 溝の土を根元に土寄せする。
- 倒伏防止のため本葉5〜6枚のときに行なうとよい。
- 出穂までの吸肥力が強いので、タネを播いてから1カ月で追肥する。

❸ 収穫

先端がつまって、黄味を帯びている

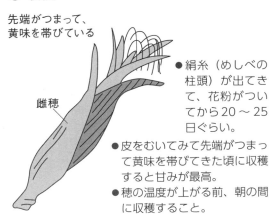

雌穂

- 絹糸（めしべの柱頭）が出てきて、花粉がついてから20〜25日ぐらい。
- 皮をむいてみて先端がつまって黄味を帯びてきた頃に収穫すると甘みが最高。
- 穂の温度が上がる前、朝の間に収穫すること。

トウモロコシの栽培暦

1月	2月	3月	4月	5月	6月	7月	8月	9月	10月	11月	12月

タネ播き　収穫

※4月10日〜5月中旬が播きどき

葉菜類

キャベツ

- 品種を選べば年中収穫できる
- 秋播きなら簡単、無農薬栽培もできる
- キャベツは水はけのよい土地に

科	アブラナ科	原産地	ヨーロッパ南部地中海沿岸部
播き方	育苗箱→ポット	根	直根系だが再生力は強い
葉	広くツルツル	花芽分化スイッチ	ある程度の大きさで低温（グリーンプラントバーナリ）
トウ立ちスイッチ	高温長日		

ポイント

【特性】

　原産地はヨーロッパ南部地中海沿岸部で、温暖な地域です。生育適温は15〜20℃、発芽適温は20〜25℃、結球適温は13〜20℃です。雨が多く湿度が高めであることを除けば日本の気候はキャベツに適していることがわかります。ハクサイの温度条件とまったく同じです。また、4枚花弁の黄色い花が咲くアブラナ科である点も同じです。しかしキャベツは葉がツルツル、生育日数3カ月で重さは1kg、ハクサイはガサガサで、2カ月で重さは2kgという違いがあります（早生系で比較）。ハクサイは急激に重く育ち、キャベツはゆっくり軽く育つことがわかります。これは根の張りを見れば一目瞭然。ハクサイの根系に比べキャベツは浅くコンパクトです。ハクサイが水分たっぷりな土壌を好み、キャベツがやや乾燥気味の土地で進化してきた証だと思われます。

　「キャベツはアオムシがつくから難しい」「苗をつくって植えるのが難しい」というのが家庭菜園初心者の第一声です。でも、無農薬でつくれるときもあるし、苗をつくるのも簡単です。

　キャベツは一定の大きさで低温にさらされると花芽ができます。このようにある程度「青年」になって初めて低温を感じる野菜をグリーンプラントバーナリ型といいます。だから、秋にタネを播いて、一定の大きさにならないうちに冬越しすれば、虫がいない春から早春に結球して無農薬栽培ができます。

　こんなつくり方ができる品種を、「秋播き極早生キャベツ」と一般に呼んでいます。サワー系や春系、新キャベツともいいます。非常にジューシーで柔らかく生食用に最適です。また、キャベツの生育、発芽適温は20℃くらいで、秋播きの育苗は非常に簡単です。

【タネ播き・育苗】

　育苗箱にスジ播きし、鉢上げします。9cmポットで本葉5枚程度、30〜40日くらいになれば定植適期となります。遅れないように定植しましょう。キャベツはほぼ年中タネ播きできます。一般には収穫時期から品種を選び、特性に合わせ播きどきを逆算すると、播く時期と定植時期が決まります。春から夏の上昇気温下ではスムーズに活着させる必要がありやや若い苗を、晩秋以後低温期にあたるときはややしっかりした苗を植えるとよいでしょう。

　節間のつまった丈夫な苗をつくるためには十分な光と適切なかん水が大切です。かん水

は基本的に朝行ない夕方には乾くようにします。また、湿度を上げないように地面に直接苗を置かないようにしましょう。

害虫は知らぬうちに飛来産卵します。防除は育苗時期から始めます。ネオニコチノイド系粒剤の早めの施用などが有効です。

【栽培】

キャベツは品種を選べば、冬でもどこでも、一年中栽培することができます。くわしく見てみましょう(93ページ、栽培暦参照)。

(1)早春から夏場にかけて播く品種。気温が上昇する中で肥大していかなければならないので、暑い時期でも平気で結球する、高温に強い品種を選びます。

(2)夏に播いて冬に収穫する品種。暑さにも寒さにも強い品種が必要です。低温にあって花芽ができる時期ではないので、トウ立ちしにくい晩抽系の品種より花芽ができても芯が上がりにくい品種が適しています。

(3)夏〜秋はどの品種でもキャベツは絶対に播いてはいけないブラックゾーンです！　夏遅く播くと、ハクサイと同じように結球葉数が不足して玉にならないか、玉が尖ります。秋早く播くと結球せずにトウが立ってしまいます。佐世保では9月上旬から9月彼岸までがブラックゾーンです。たぶん寒い地方ほど冬になるのが早いぶん播く時期が前倒しとなるのでそのブラックゾーンは早まるでしょう。

(4)秋播き品種。お彼岸から11月いっぱいまでに播きます。冬は生育が停止するので12月から(1)の早春までは普通タネを播きません。前で述べたブラックゾーン直後の9月下旬〜10月上旬に播く秋播き極早生系が4月どり。約半月遅れの10月上〜中旬に播く早生系で4〜5月どり。さらに半月遅れて10月下旬〜11月播きの中生系で5〜6月どりとなります。6月

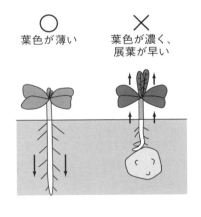

カコミ　間引くべきは葉色の濃い苗

キャベツ以外の野菜でも同じことがいえますが間引き方にはコツがあります。側根は双葉方向に出るので、できるだけ双葉の方向を揃えるように間引いたほうがさらに揃いがよくなります。第一優先で間引くのは生長が異常に遅いものです。次に葉の形が明らかに他と違っていたり、緑色以外の色が混じっているような明らかに遺伝的に異なるものは第二優先で間引きます。第三優先で間引くのは、色が濃すぎるものや生長が早すぎるものです。これは根が伸びるべき時期に根に異常が起きたため、茎葉の生長へ切り替わっているのです。

○
葉色が薄い

×
葉色が濃く、
展葉が早い

葉菜類

どり以降は(1)に戻ります。この時期の品種はトウ立ちしにくい晩抽系であることが最優先です。また、低温でも肥大を続ける性質が求められます。

(5)四季どり。いつでも播ける「四季獲甘藍」という品種もありますが、いつでも播けるのではなく年3回程度播けるチャンスがあるという意味です。葉質が非常に硬くおいしくない品種なので、できれば季節に合った品種を選びましょう。

(6)冬播き、梅雨までに収穫。晩抽系の春系や超極早生のボール系は、小苗のときに寒くても後半暖かくなり、梅雨までに収穫できればよいことを利用し1月下旬～2月播きができます。

さて、キャベツは大きく2つの品質に分けられます。炒め物やロールキャベツのように煮込むものは、やや硬めの寒玉系と呼ばれる品種が適しています。一方、千切りキャベツなど生食用にはジューシーで柔らかい肉質の春系と呼ばれる品種が適しています。寒玉系は料理すると甘みが増す特徴がありますが、生ではバリバリと硬く向きません。逆に春系は炒めると、水分でベチャベチャとなりこれも適しません。

栽培

【植え付け準備】

浅い木箱や市販の育苗箱に水はけのよい清潔な培土を入れ、表面をならして5～8cmの間隔でスジ播きして覆土します（❶）。乾かないように不織布や日本手ぬぐい、さらし布、ガーゼなどをかぶせます。かん水はこの被覆の上から行なうと表土が硬くならず便利です。

タネ播きしたあと3～4日で発芽するので、すぐに被覆をとり、子葉展開の頃から本葉が見え始める頃の間に、1回間引き、株間を2cmに揃えます。

本葉1.5～2枚の頃に12cm×12cmの間隔で

仮植します（❷）。このとき仮植床でなく9cm径のポリ鉢に鉢上げすると、根が切れて細根の多い丈夫な苗になり、定植の際に植え傷みもありません(33ページ)。

【植え付け】

あらかじめ元肥を入れた、通気性・保水性のある肥沃な土に、ウネ幅60cmに株間40cmで植え付けます（1条植）。苗の定植適期は本葉5～6枚頃です（❸）。夏～秋播きの場合はタネを播いてから1カ月くらいです。

【手入れ】

元肥には1m²あたり、堆肥1～2kg、苦土石灰100～150gを施し全層混和しておきます。具体的には10：10：10の配合肥料で100g程度です。追肥は結球開始期までに100gを2回に分けて施します。

株間やウネの肩に施した追肥の上へ土寄せを行ないます。

【収穫】

一番外側の結果葉がそり始める頃に収穫します。夏～秋播きの場合、定植後2～2.5カ月が目安です。

❶ タネ播き

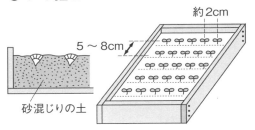

約2cm
5～8cm
砂混じりの土

- 5～8cmの間隔に深さ3～5mmの播き溝を作り、タネを播く。覆土は5mmぐらい均一にかける。
- 発芽後、子葉展開期から本葉が見え始めるまでの間に間引きをして、約2cmの株間に揃える。

❷ 仮植、鉢上げ

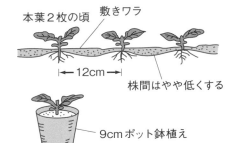

本葉2枚の頃　敷きワラ
12cm
株間はやや低くする
9cmポット鉢植え

- 12cm×12cmの間隔に仮植する。このとき仮植床ではなくポリ鉢に鉢上げしてもよい。
- 夏播きでは、日よけをしてやるとよい。

葉菜類

❸ 植え付け、追肥

【1m²あたり】
堆肥　1～2kg
苦土石灰　100～150g
元肥　100g
追肥（1m²あたり）　100g
ウネ幅　60cm
株間　40cm

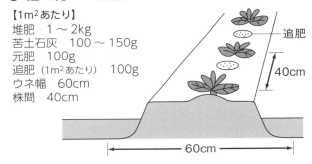

追肥
40cm
60cm

- 1回目の追肥は株間に施用。2回の追肥はウネの肩に施す。
- 溝の土で株元へ土寄せする。追肥の上にも土をかける。
- 追肥は100gを1～2回に分けて施す。

キャベツの栽培暦

1月	2月	3月	4月	5月	6月	7月	8月	9月	10月	11月	12月

(1)早春～春播き　タネ播き　収穫

(2)夏播き

(4)秋播き

ブラックゾーン

(3)絶対播いてはいけないブラックゾーン（トウ立ち）

ブラックゾーン（生育停止）

代表品種

- 「初秋」（タキイ）、「蘆密」、「しずはま1号」（石井）
- 「おきな」（タキイ）、「金春」、「アーリーボール」（いずれもサカタ）
- 「金系201号」（サカタ）、「YR青春2号」（松島）、「中早生3号」（石井）、「YR春空」（タキイ）

※(5)「四季獲甘監」（タキイ）は年3回播ける。（3月下旬播き、8月収穫、7月下旬～8月上旬播き、12～3月収穫、10月下旬播き、6月下旬～7月収穫）
(6)「アーリーボール」「金系201号」（いずれもサカタ）などは1月下旬から2月播きで、5～6月収穫できる

ハクサイ

- 品種選びと広い株間で育てろ
- 早生は遅播き、晩生は早播きだけできる
- 直播きで根をダイコンのように太く長く育てろ

科	アブラナ科	原産地	ヨーロッパからトルコ
播き方	直播き	根	直根系
葉	広くて数が多く毛もある	花芽分化スイッチ	タネが低温（シードバーナリ）
トウ立ちスイッチ	高温		

ポイント

【特性】

原産はヨーロッパからトルコといわれますが、現在の結球ハクサイは日清戦争の頃中国から持ち込んだものを日本の風土に合うように改良したものがもとになったと種苗業界の大先輩から教わりました。つまり代表的な冬野菜としてもともと日本の風土に最適化されていると考えてください。

ハクサイは、カブやコマツナ、ミズナと同じ仲間のアブラナ科の野菜です。どれも生育に必要な温度や日長、水分などが同じ傾向を示し、コマツナなどの菜っ葉類と同じ栽培方法でうまくいきます。

なぜこのようないい方をするかといえば、ハクサイは難しいと思い込んでいらっしゃる方がとても多いからです。たぶん、「形が大きいために栽培日数がかかるから」「結球させる必要があるから」という理由ですが、簡単な対策で大丈夫なのです。「十分な株間を取って、できるだけ早く間引きして独り立ちさせること」。ハクサイづくりのポイントはこれだけです。

乾燥地由来のキャベツなどに比べるとハクサイは降水量の多い日本で水分を有効に利用できるように進化しました。コマツナなどと違い葉数が多く、葉の表面積も広く、毛も発達しています。さらに、根も深く広く張っています。どんどん水分を吸収させ、光をたっぷり当てましょう。

【タネ播き】

ハクサイは35～40cm以上の株間を必要とし、養分や水分を独り占めにしなければなりません。株間20cmが40cmになることは、ただ2倍の間隔で植えるということではなく、4倍の面積が必要であるということです。結球のためにエネルギーが必要であり、そこがコマツナなどの漬け菜類とは桁違いに違うのです。

タネ播きは普通、点播きで1カ所に5～6粒以上播きます。ハクサイは間引き菜もおいしいので、ついもったいないと思い、間引くタイミングが遅れると、結球に必要な葉数が確保できなくなります。ハクサイは播いてすぐ低温を感じるシードバーナリ型野菜なので、低温にあい花芽ができ、その後の気温上昇によりトウ立ちすると、もうそれ以上葉数が増えません。タネを播いたあとはできるだけ速やかに結球葉数を確保しなければなりません。

タネを播いてから3週間～1カ月以内に間引き終えて、できるだけ早く独り立ちできるようにしてください。

【栽培】

ハクサイは、移植すると最初にまっすぐ下に下りていくゴボウのような根（直根）が切れてしまいます。直播きすれば地中深く根を下ろし、地表が乾燥しても地下に残った水分をくみ上げることができます。また、養分が溶けた水分を葉に送り続けることもできます。切れた直根からひげ根が再生すればよいのですが、ハクサイの再生力はかなり弱く、横方向には再生しても、縦方向には再生しにくい性質があります。

私の経験からすると、根の再生力（移植しやすさ）の順番は、レタスやシュンギク＞ブロッコリー＞キャベツ＞カリフラワー＞チンゲンサイ＞ハクサイだと思います。ハクサイは最も根の再生力が弱く、できるだけ直播きしたほうがよいです。あえてポット栽培を採用し移植するとしても、春播きや秋播きの早生系の早どり栽培などを選んだほうがよいでしょう。早生系は根の再生力が強く、細根が多く、移植に耐える品種も多いからです。

移植から直播きに切り替えると、後半の生育がすこぶる旺盛になり、悩みのタネの芯腐れ障害がピタリと止まり乾燥にも強くなります。直根が養水分を地中深くから吸い上げてくれるようになるからでしょう。

栽培

【タネ播き準備】

堆肥はタネを播く約30日前に1〜2kg/m^2、苦土石灰は1週間前までに100〜150g/m^2、全面に施し深く耕して全層混和しておきます。肥料は全量で最低200g/m^{2}くらい施します。ハクサイはキャベツに比べて急激に重く育つため、元肥を重視し、全量の60％（120g/m^2）くらいをタネ播き前に施肥します。残りの40％（80g/m^2）は追肥で補います。ただし早生系で2カ月程度で収穫が終わるときは全量元肥として施しても大丈夫です。元肥は緩効性肥料であれば直前もしくは1週間前くらいに全層施肥しておけば大丈夫です（❶）。

【タネ播き】

トウ立ちさせず、結球させるために、播きどきの目安としては、一日の平均気温が15℃になる時期の40〜50日前頃だといわれています（九州地方では8月下旬〜9月中下旬、近畿

カコミ 晩生は早く、早生は遅く播く

85とか95などの数値がついていたら晩生の品種のことであり、これらの品種は早く播かなければなりません。逆に60や65、75などの数字がついている品種は早生もしくは中早生系で、遅くまで播けることが多いです。

つまり晩生の品種より早生の品種のほうが一般的には、最適な播き幅が広いのです。

最近は、乾季雨季が長く続くような熱帯性の気候になってきています。播きどきを逃さないためにも、播き幅が広いということは武器になります。品種選びに迷ったら、播き幅が広い早生系を選んでおくのが無難かもしれませんね。

葉菜類

地方では8月中旬〜9月上旬)。ハクサイの場合は収穫時期をタネを播く時期でずらすことは不可能で、同時に播いて品種の早晩生で収穫時期をずらします。春播きは寒いときに播くので、必ず春専用の「晩抽系」品種を選びましょう。品種により例外がありますが、一般的に、秋作の残りは使えません。

栽植密度は早生種で60cm×35cm中生種で60cm×40cm、晩生種で65cm×40cmが標準で1カ所5〜6粒の点播きします。

本葉5〜6枚までに2〜3回間引き、1本立てにします(❷)。

【手入れ】

追肥として、先に計算した肥料設計から元肥分を差し引いた残り80g/m²(全量の40%)を結球始めまでに、2〜3回に分けて施します。また、あわせて土寄せも行ないます(❸)。

結球を始めるために除草を兼ねた中耕、土寄せを適宜行ないます。土中の通気性が向上し、根の発育が促され、養水分の吸収が助けられます。

【収穫】

収穫適期は日数と球のしまり具合などで決めます。ある程度結球したものから順に収穫し、遅くならないよう注意します。秋播きの作型で早生系は、タネを播いてから2カ月、晩生系で約3カ月で収穫できます。

左が直播き、右がセルトレイ苗を移植したハクサイの根。ハクサイは本来直播きの根のように直根がよく伸びるので、直播きに向く(タキイ研究農場　千葉潤一提供)

① タネ播き

【1m²あたり】
堆肥　1 〜 2kg
苦土石灰　100 〜 150g
元肥　120 〜 150g
ウネ幅　120 〜 130cm
株間　35 〜 40cm以上
条間　60 〜 65cm

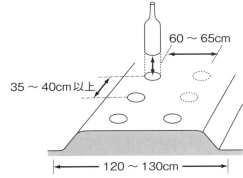

60 〜 65cm

35 〜 40cm以上

120 〜 130cm

● 1カ所5 〜 6粒の点播きをする。
● ビール瓶の底などで播き穴をつける。

② 間引き

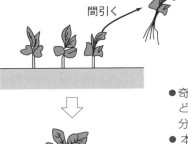

間引く

● 奇形、発育不良など を 2 〜 3 回 に 分けて間引く。
● 本葉5 〜 6枚の 頃に1本立てとす る。

③ 追肥と土寄せ

追肥（1m²あたり）
80 〜 100g

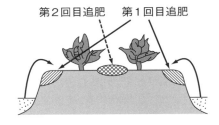

第2回目追肥　　第1回目追肥

● タネ播き後30 〜 40日頃までに 2 〜 3回追肥し、土寄せしておく。

葉菜類

ハクサイの栽培暦

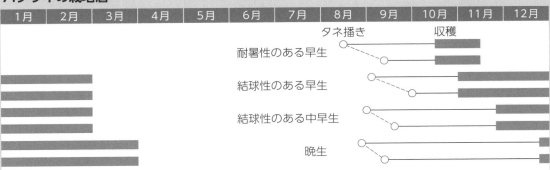

1月	2月	3月	4月	5月	6月	7月	8月	9月	10月	11月	12月

タネ播き　　収穫

耐暑性のある早生

結球性のある早生

結球性のある中早生

晩生

※晩生の品種は9月上旬までに播かないと、結球しない

ブロッコリー
（カリフラワー）

- ブロッコリー、キャベツ、カリフラワーは同じ苗づくり三兄弟
- 葉菜だが低温に当てて花芽をつけろ
- 花蕾がつく条件が不完全だと奇形になる

科	アブラナ科	原産地	地中海東部
播き方	ポット育苗	根	直根系で再生力が特に強い
葉	広くやや切れ込み、波うちツルツル（カリフラワーは丸く大きい）	花芽分化スイッチ	ある程度の大きさで低温（グリーンプラントバーナリ）
トウ立ちスイッチ	高温長日		

ポイント

【特性】

　原産はヨーロッパ地中海東部地方で、キャベツと同じです。ブロッコリーは、結球しないキャベツであるケールから改良されました。性質が似ていますので生育前半はキャベツと置き換えて栽培してもほとんど問題は起きません。ここがブロッコリー栽培のポイントです！　ブロッコリーは花芽（花蕾）を食べるわけですから、葉菜類でありながらトウを積極的に立てなければなりません。基本的にはキャベツと同じような畑の土壌条件を満たしつつ、花芽を大きく美しく育てる栽培方法をとることがコツです。

【タネ播き・育苗】

　仮植はしないほうがダメージが少ないので、定植時に根傷みしないようにセルトレイかポットに直播きしてください。特にカリフラワーはおすすめです。ブロッコリーはもとより、キャベツよりかなり根が弱いので、同じような感覚で育てると苗がたいへん軟弱になりますので注意しましょう。

【栽培】

　ブロッコリーはグリーンプラントバーナリ型ではありますが、キャベツと異なり、花芽分化する「ある低温」が早生系で20℃前後、晩生系では10℃前後とかなり高く、早くから低温を感じ始めます。夏播きで苗をあまり遅く植えると、低温にあうまでの時間が足りず、体が花をつけるのに十分な大人になっていないにもかかわらず不相応な花芽をつけなければならないので、小さなブロッコリーしか収穫できません。

　カリフラワーもブロッコリーと同類で、栽培法も同じでかまいませんが、私の経験ではカリフラワーの根はブロッコリーより弱いです。よって移植に弱く、苗の太りも緩慢で、苗を植えて収穫するまでの期間もかなり長いです。

栽培

【植え付け準備】

　堆肥1〜2kg/m²を植え付け30日くらい前に全層混和しておきます。石灰は苦土石灰で100〜150gを1週間前くらいにこれも全層混和しておきます。次に元肥を100g、7日くらい前までに全層に施肥し整地しておきます（❶）。

　セルトレイか9cmポットを準備しタネを播く前に市販のタネ播き専用土を十分湿らせておきます。タネは高価ですが欠株を防ぐためセルトレイで1〜2粒以上、ポットでは2〜4粒

以上播き、最終的に間引いて1本にします。発芽までの数日は不織布や寒冷紗などで被覆します。かん水が必要なときはこの上から行なってもよいですが発芽後に軸が伸びないようにできるだけかん水は避けます。播いてから3〜4日で発芽するので、すぐに被覆をとります。その後、できるだけ日当たりがよく風通しのよい場所に置きます。

【植え付け】

　あらかじめ元肥を入れた、通気性・保水性のある肥沃な土に、ウネ幅60cmに株間40〜50cmで植え付けます（1条植え）。苗の定植適期は本葉5〜6枚頃です。夏播きの場合は、播いてから1カ月くらいの時期です。

【手入れ】

　追肥は結球開始期までに100gを2回に分けて施し、追肥時に中耕し土寄せします。

　カリフラワーの場合、品種にもよりますが、上から見て白い花蕾が見えるようなら、花蕾が7〜8cmくらいになったときに、葉の真ん中の軸だけを内側に折り花蕾が見えないようにすると寒傷みしません。葉数枚を結束して見えないようにする方法でもよいです（❷）。

【収穫】

　早生系のブロッコリーの場合は頂花蕾が10〜12cmになり、蕾がばらけないうちに収穫します。ブロッコリーは頂花蕾どり専用種でも放っておけば側枝も出ます。側枝も収穫したければあらかじめ株間を広めにとっておきます。

　早生系のカリフラワーの場合は、花蕾葉が13cmくらいになった頃、収穫します。ちなみに、カリフラワーの側枝はほとんど出ません。

---

❶ ウネ作り、タネ播き

【1m²あたり】
堆肥　1〜2kg
苦土石灰　100〜150g
元肥　100g
ウネ幅　60cm
株間　40〜50cm

40〜50cm

60cm

- 頂花蕾どりは、やや狭い株間でよい。
- 側枝どりのブロッコリーやカリフラワーはやや広めの株間に。

❷ カリフラワーの寒傷み対策

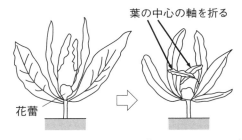

葉の中心の軸を折る

花蕾

- カリフラワーは冷気や光が当たらないほうが美しい花蕾ができる。
- ブロッコリーは品種改良により結束しなくても変色しにくくなっている。

ブロッコリーの栽培暦

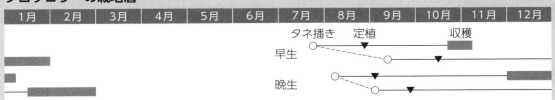

1月	2月	3月	4月	5月	6月	7月	8月	9月	10月	11月	12月

タネ播き　　定植　　　　　　収穫

早生

晩生

※早生のほうが播ける期間が長い。夏の早播きで花芽分化期が夏の高温期にあたると、生理障害のもとになるので注意が必要

漬け菜

（非結球 アブラナ科）

- 小さいハクサイをつくるつもりで育てろ
- サクラ開花から稲刈りまでいつでも播ける
- 直根型なので直播き間引き栽培がおすすめ

科	アブラナ科	原産地	中国など
播き方	直播き	根	直根タイプ
葉	様々だが少ない葉数のうちに収穫	花芽分化スイッチ	タネが低温（シードバーナリ）、まれに高温期のストレス
トウ立ちスイッチ	高温		

ポイント

【特性】

　コマツナ、チンゲンサイ、タカナ……数え切れないほどあります。本書では、全部あわせて「非結球アブラナ科（漬け菜類）」と呼びます。

　同じアブラナ科のグループは同じような温度特性などを持ち、同じような虫がつきます。したがって、コマツナが上手に栽培できれば、タカナや、チンゲンサイでも、同じような考えで栽培できます。

【タネ播き】

　根もハクサイに似た直根タイプなので移植に向きません。生育も早いので直播きします。播くときはスジ播きします。とれたてのタネは休眠が起こることもあり、数カ月たったタネのほうがよく発芽します。

【栽培】

　生育期間はハクサイのほぼ半分以下なので、小型のハクサイと思って育てましょう。したがって、ほぼ春から秋まで周年で栽培ができます。梅雨には雨よけが、夏の暑さには寒冷紗など日よけがあると品質のよいものがとれます。秋はハクサイよりひと月ほど遅く播くことができます。被覆をすれば、さらに半月ほど遅く播くことができます。

　コンパニオンプランツの組み合わせでアオムシがつきにくくなります。混植しやすいリーフレタスやサニーレタスなどの非結球レタスを組み合わせるとよいでしょう（45ページ）。

栽培

【タネ播き準備】

　適温下で1〜1.5カ月くらいで急激に生長して収穫ができます。追肥では肥効が間に合わないので元肥1本でいきます。1m²あたり、完熟堆肥2kgを1カ月前に全面に振って耕やしておきます。1週間前、苦土石灰200g、直前にチッソ10％前後の元肥約150〜200gを施し、耕起整地しておきます（❶）。

【タネ播き】

　佐世保ではサクラの開花時期から稲刈りくらいまでの時期が、露地の播きどきとなります。

　1〜1.5mくらいのウネ3〜5条に数ミリ〜1cmくらいの間隔でやや多めにスジ播きし、間引きながら、最終株間にします（❷）。

【手入れ】

　普通3回くらい間引いて混み合ったところをすかします。本葉2枚の頃、本葉4枚の頃、葉と葉がふれ合わない程度に、本葉5〜6枚の頃、それぞれの最終株間に間引きます。乾燥

を嫌うので乾きすぎるようであればかん水します。間引くたびに中耕と土寄せを行なうとよいです（❸）。

　間引くときは土の湿り具合を見ながら時期を選び、数回に分けて間引くと、残す株へダメージを最小にできます。

　白さび病は抵抗性品種がありません。わずかな耐病性品種があるのみです。私の経験で

すが、発病したら薬剤ではほとんど治すことはできないため予防が第一です。

　発病した圃場を往来して、衣服に付着したさび病を持ち込まないように、水田の裏作として栽培しましょう。また、さび病は春から夏、秋から冬に発生しやすいので、栽培しにくいが夏作に挑戦することなどがあげられます。

❶ ウネ作り、タネ播き

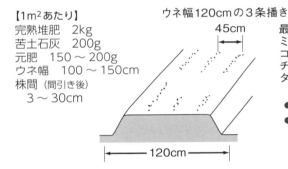

【1m²あたり】
完熟堆肥　2kg
苦土石灰　200g
元肥　150〜200g
ウネ幅　100〜150cm
株間（間引き後）
　3〜30cm

ウネ幅120cmの3条播き
45cm
120cm

最終株間
ミズナ：5〜15cm
コマツナ：3〜5cm
チンゲンサイ：10cm
タカナ：10〜30cm

●ウネ幅100〜150cmで3〜5条播きする。
●凹凸がないように平らに整地して、一定の間隔でていねいに播くと、後の間引きがラクになる。

❷ 間引き

図は1回目の本葉
2枚の頃

●本葉2枚の頃、本葉4枚の頃、本葉5〜6枚の頃の計3回ほど間引く。

❸ 管理

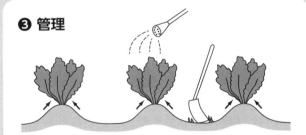

●漬け菜類は乾燥を嫌うのでときどきかん水をする。
●中耕をかねて草とりし、根元に土寄せをする。
●「非結球アブラナ科」に登録がある農薬しか使えないので注意が必要。

漬け菜の栽培暦

1月	2月	3月	4月	5月	6月	7月	8月	9月	10月	11月	12月

タネ播き　　　　　　　　　収穫

※播種は梅雨からお盆まで、収穫は梅雨から8月末まで休む

ホウレンソウ

- ホウレンソウの秋播きは無農薬栽培で超簡単
- 気温が下がり、雨が降ったあとに播け
- 石灰、堆肥、耕土の深さの三種の神器でホウレンソウ成功

科	ヒユ科(アカザ科)	原産地	アフガニスタン周辺の中央アジア
播き方	直播き	根	深く伸びる直根
葉	厚くツルツル	花芽分化スイッチ	長日短日関係なく自然分化
トウ立ちスイッチ	長日		

ポイント

【特性】

　ホウレンソウは野菜の中でも例外の性質を持つので孤高の存在です。あまり知られていないビート、フダンソウ（スイスチャード）と同じ、ヒユ科（旧分類ではアカザ科）の仲間です。栽培法の特徴はアブラナ科との比較で考えると違いがよく見えてきます。

　「コマツナはやさしいけど、ホウレンソウは自分の畑ではできない」とおっしゃる方が多いです。理由を聞くと第一に「芽が出ない」、第二に「芽は出るけど、途中で黄色くなって消えてしまう」とのこと。ホウレンソウはやせたところが大嫌いで肥えた畑でしかできないので気をつけましょう。

　原産地はアフガニスタン周辺だそうですが、原産地自体から読みとれる特性はほとんどありません。以前は、秋播き専用の東洋種、春播き可能な晩抽系の西洋種に分けて解説されることが多かったのですが、現在はほとんどが両者のいいところどりのF₁種です。

　ホウレンソウの形の特徴は赤い根です。太いゴボウのような直根にチョロチョロと側根がついています。この形が栽培上とても重要です。直根タイプなので深い耕土が必要で、移

植できません。また、側根はあまり広がっていないので、株間は相対的に狭くてもよいです。

　ホウレンソウができないと悩む前に、土壌がどれだけ深くまで柔らかいのか調べてください。専門のブリーダーから「ホウレンソウの理想の根長は60cmです！」と聞いたとき、私は卒倒しました。少なくとも45cmくらいは必要なのだそうです。

【タネ播き】

　ホウレンソウのタネは硬い種皮に覆われています。特に昔の東洋系はタネにトゲもあり、かなり水分がないと発芽しにくいです。水分が十分であることが発芽の第一条件です。

　次にホウレンソウはレタスなどと同じで0℃くらいまでタネは死なず低温に耐えます。しかし、20℃以上になると、発芽も生育も悪くなるので、涼しいことが第二条件です。教科書には水に浸けて播く方法がよく書いてありますが失敗が多いのでおすすめしません。冷たい流水に浸けないと、種子から出るアクが発芽を抑制します。また、浸漬が長くなると酸素が不足して腐敗することがあります。しかも、最近の品種はブラッシングといって種皮に傷をつけたり、プライマックスなど薬品処理を行なって発芽しやすくされているので、浸漬処

理は必要ありません。

8月下旬に播いてもなかなか発芽しないホウレンソウも、10月頃の雨の後に播くと雑草のように簡単に発芽します。「ホウレンソウは肌寒くなり、雨が降ったあとに播く」と覚えておいてください。

【栽培】

ほとんどのメジャーな野菜は弱酸性領域でよく育つのに比べ、ホウレンソウはアルカリ領域のほうがよく育ちます。よって、ホウレンソウをつくるときは石灰をたっぷり施します。ホウレンソウの最適pHは7.0〜8.2なので、外国の雨が少ないアルカリ土壌でも育ち得るのでしょう。ただし、雨よけ栽培では弱アルカリ下でマンガン欠乏症が出るのでpH7〜6.5に抑えたほうがよいでしょう。

日本は雨が多く、炭酸ガスの浸透により自然に土が酸性になるので、ホウレンソウをつくるときは毎作ごとに石灰が必要です。しかし、石灰を施しても次第に葉の色が黄色くなることがあります。これは、最初に投入した石灰が時間とともに急速に失われているということです。単に石灰を入れるだけでなく、石灰をつかまえておいてくれる完熟堆肥などをたっぷりやっておくことが必要です。

「ホウレンソウをつくるときは石灰だけでなく堆肥もお忘れなく」と覚えておきましょう。

ホウレンソウは一般的には春の彼岸から秋の彼岸までは非常に苦手です。花芽は長日、短日にかかわらず分化するのですが、トウ立ちは長日条件でスイッチが入るからです。普通のアブラナ科の菜っ葉は低温で花芽ができて高温長日でトウ立ちするので、ホウレンソウはまったく違います。ホウレンソウは温度よりも光センサーが重要な働きをします。光の強さ弱さではなく、夜の短さ（昼の長さ）すなわち日長に大きく左右されます。特に緯度が低いところで進化した東洋系の品種は、高緯度で進化した西洋系より日長を敏感に感じるので、すぐにトウが立ちます。西洋系の品種も東洋系よりは日長を鈍感に感じるだけでやがてトウが立ちます。夏場の栽培でも、すばやく太らせないとトウ立ちさせて失敗します。

また、トウ立ちは、夜が短いことに反応するので、夜明るい街灯の下や夜間設備のあるグランドの周辺、受験生のいる窓辺に近い畑などでもすぐトウが立ってしまいます。秋冬栽培のホウレンソウは夜明るいところでは栽培してはいけません。

アブラナ科に被害を与える虫はアオムシやコナガなど思いつくだけでも数え切れませんが、ホウレンソウではこれらの虫たちは問題となることがまずありません。寒い季節が主要な生育時期であるため、無農薬栽培が簡単な

カコミ やせている畑はカリやチッソも効きにくい

やせている畑とは、石灰だけではなく、カリやチッソ（アンモニア態）なども効きにくい畑のことをいいます。これらの肥料分はすべてプラスイオンです。きちんと堆肥を入れてマイナスイオンにくっつけておかないと降水量の多い日本ではすぐ流出してしまうのです。石灰やカリ、チッソ（アンモニア態）をつかまえておける畑が肥えた畑です。

野菜であると思います。

栽培

【タネ播き準備】

　ホウレンソウは酸性土壌に弱いので、酸性土ではほとんど生育せず赤葉となって枯れます。したがって石灰で中性化することがまず必要です。酸性の程度によって加減しますが、苦土石灰200～300g/m^2（通常野菜の倍以上）が適量です（タネを播く7日前まで）。ダイコンはできるけど、タマネギやホウレンソウができにくいなら酸性が強いと判断できます。

　次に、その石灰や肥料が有効に働くように完熟堆肥を入れます（タネを播く30日前まで）。牛糞堆肥などで1～2kg/m^{2}は最低必要です。肥料は成分量でチッソ20～25g、リン酸10～15g、カリ10～15gとされていますが、10：10：10の配合肥料で、約200g/m^{2}程度の元肥だけで十分です（❶）。菜類を含め軟弱葉菜類はタネを播いてから1～2カ月未満で収穫期に達するので、元肥の肥効で十分足ります。

【タネ播き】

　一般にはスジ播きしますが、1m^{2}あたりの種子量は10mlで、発芽しにくく立ち枯れや暑さで欠株になりやすいため夏播きではやや多めに、春播きはトウ立ちさせないために、やや少なめがよいです。春播きでは花芽はすでに分化しています。狭い株間ほど1株あたりの日照量が小さくなるため、ホウレンソウは大きなストレスを感じます。これにより、トウ立ちが進んでしまうので、最初からゆったりした株間になるようにタネの間隔も広めに播きます（❷）。

　ホウレンソウの発芽適温は20℃以下なので、夏場は発芽するに苛酷な環境です。一方、気温の下がった秋以降～春播きまでは、水分だけ注意すれば、きわめて発芽しやすい環境です。夏播きでも催芽処理せずに、十分かん水した畑にそのまま播いたほうが失敗が少なくなります。

タネの上から1cmくらいの土をかぶせ、軽く上から押さえてタネが土壌水分を吸収しやすいようにします。その上に切りワラやモミガラなどを敷き、乾燥やたたき雨による被害を防止します。

【手入れ】

　追肥は生育状況を見てチッソ主体の速効肥料や液肥を与えましょう。もし低温期の栽培で収穫までの時間が2カ月以上に及ぶときは元肥の肥効が切れてきます。このような場合は25g/m^{2}程度の追肥を行なってください（❸）。

　厳寒期に不織布などをべたがけにしておくと高品質が保てます。

　冬季のホウレンソウはほとんど手がかかりません。

【収穫】

　夏播きでは葉数が8～10枚、秋播きで15～20枚の頃に収穫するのが適当で、大きいものから間引き収穫します。九州ではタネを播いてから収穫するまで、夏場で1カ月、秋で1.5カ月、晩秋以降で2カ月以上かかります。

❶ ウネ作り

【1m²あたり】
完熟堆肥　1 ～ 2kg
苦土石灰　200 ～ 300g
元肥　約200g

ウネ幅　平ウネ　　　高ウネ
　　　　120cm　90cm上にあげる
株間（間引き後）　5～7cm

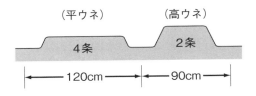

（平ウネ）　　（高ウネ）
4条　　2条
120cm　　90cm

- 耕土が最低45cm以上になるように、深く耕す。
- 他の野菜よりも石灰を多く施す。

❷ タネ播き

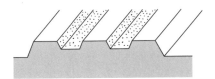

- 2 ～ 4条でスジ播きする。
- クワ幅の播き溝にタネを播き覆土を1cmくらいかけ、クワか板で、上から押さえてなじませる。

❸ 間引き、収穫

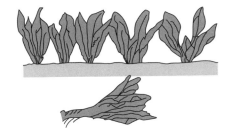

- 本葉出始め、本葉4 ～ 5枚の頃、土が乾燥していないときに密生部を手で間引く。
- 本葉15枚（夏は10枚）くらいになれば、間引きながら収穫する。

ホウレンソウの栽培暦

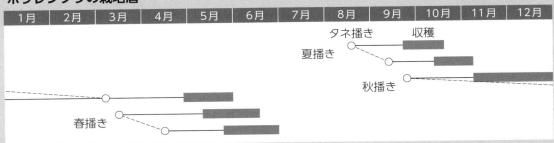

※5 ～ 7月は高温多湿で長日下であるため雨よけハウスでもつくりにくい

ネギ

- 空梅雨だとネギ栽培はカンタン
- 秋播きネギはタマネギより遅く播く
- 白ネギはトウ立ちさせない、九条ネギはネギ坊主切ったらなんとかなる

科	ヒガンバナ科	原産地	中国西部
播き方	苗床	根	ひげ根
葉	細長くてツルツルした筒状	花芽分化スイッチ	ある程度の大きさで低温（グリーンプラントバーナリ）
トウ立ちスイッチ	高温長日		

ポイント

【特性】

「空梅雨だとネギが安くなる。梅雨が長く降水量が多いとネギは高騰する」と先輩農家から教えられましたが、よく当たります。また、「ネギは引き抜いてコンクリートの上に1週間放置しても植え込めば起き上がる。でも、雑巾バケツに丸一日浸けていたら植えても根腐れして死んでしまう」これも真実です。つまり、ネギは乾燥に非常に強く、過湿に非常に弱いのです。ネギの原産は中国西部の乾燥地帯。性質は昔から変化していないようです。根に酸素が供給し続けられるよう、地下水位が低く、水はけがいい畑を選びましょう。

さて、タネから栽培するネギは関東系と関西系に分かれます。食文化も違っており、関東は青いところを捨て白い部分のみを、関西は両方を食べます。関東系は分けつせず1本ネギ（白ネギ）と呼ばれます。青い部分は食べないので非常に硬いです。一方、関西系の代表の九条ネギ（青ネギ）は分けつし、種子繁殖以外にも栄養繁殖が可能なのが特徴です。青い葉も食べられます。この部分が特に柔らかく美味です。一見関西系のよいところが多いようですが、弱点もあります。

最近はネギの若どり（小ネギ栽培）が盛んです。関西系のネギだと葉質が柔らかいのですぐ傷み、姿も葉が折れてしまい見た目が悪いです。さらに、分けつするために株元がふくらみ、この部分の皮むき作業がとても大変です。このため、小ネギ栽培には関東系の血が濃い品種が多く使われるようになりました。

ちなみに、ネギは昔、ユリ科といわれていましたが現在はヒガンバナ科とされタマネギやニンニク、ラッキョウなどと同じグループです。このグループは互いに連作障害は出にくいのですが、最近はべと病などが問題となるので、収穫残渣のすき込みなどはしないようにしましょう。

【タネ播き・育苗】

ネギの苗づくりにはセルトレイ育苗と地床育苗があります。作型はトウ立ちを考慮し一般的な春播きがおすすめです。セルトレイ育苗は定植まで1.5〜2カ月かかります。育苗期間がトレイ育苗としては長いので培土はチッソ分の多いネギ専用培土などを用いると便利です。

地床育苗では育苗期間が3カ月程度になるので、普通の露地葉菜類をつくるような肥培管理が必要です。堆肥1〜1.5kg/m²、苦土石

カコミ　関東系の白ネギと関西系の青ネギ

　関東では青い部分は捨て、白いところだけを食べます。関西人だと硬くて食べられないと言うかもしれませんが、白い部分にツヤがあり太くまっすぐで、硬くしまっていることが要求されます。青いところはどうでもよいのです。耕土が深く、深部まで水はけのよい、関東平野のような土壌を好みます。

　関西では青い部分も重要です。太さは重要ではなく、柔らかさ、香りの強さ、甘さなどが要求されます。九条ネギがその代表です。大きな違いが株元にあります。関東系は丸くて太くて直線的なことが要求されるので絶対に分けつ（分かれて離れること）してはいけません。しかし、九条ネギは株元で分けつします。分けつしそうになると株元がラッキョウのようにふくらみます。このふくらみが嫌いな人も多くいます。根は浅根性で、乾燥には強いが湿害を受けやすいです。

　福岡の「万能ネギ」が有名です。薬味としてのネギを周年必要とする需要を満たすため、若どり栽培が盛んになっています。ワケギなど栄養繁殖させるネギや今までに述べた深ネギでは需要を満たせないこと、関西風の細かい刻みネギが全国的に広まったこと、などにより最近は特にポピュラーになりました。グリーンプラントバーナリ型ですが、2カ月ぐらいで収穫するのでトウ立ちが問題になることはなく、品種は関東系でも、九条系でもどちらも使われます。細く腰が強いのは関東系、風味がよいのは関西系です。ニラも同じですが、夏に休眠する系統、冬に休眠する系統などがあるので、周年栽培といっても季節により最適な品種は異なります。

灰100〜150g/m²、元肥100g/m²、追肥として30日後、60日後にそれぞれ50g/m²を施します。

　ネギづくりは水やりで決まるというほど水が重要です。発芽し始めてネギの先端にタネがついている間は水を切らしてはいけません。育苗前半は多めに、後半は徐々にかん水を減らし、乾燥気味に管理するのがポイントです。小ネギ栽培ならここまで育てると収穫です。

【栽培】

　ネギは栽培期間が長く(1)夏秋取り栽培（10〜11月タネ播き、翌年7〜10月収穫）と、(2)秋冬どり栽培（2〜4月タネ播き、10〜3月収穫）があります（109ページ、栽培暦参照）。いずれも、生育にほぼ1年を要します。ネギのトウ立ちのタイプは、ある一定の体の大きさになってから低温に当たるとトウ立ちするグリーンプラントバーナリ型。キャベツと同じです。秋冬どりでは問題ありませんが、夏秋どりでは早く播きすぎると必ずトウ立ちします。

　ちなみにタマネギは9月下旬頃に播かないとトウ立ちしてしまいます。タマネギよりネギのほうが生育が早く、旺盛であることを考えると、秋播きのネギはタマネギより必ず遅く、10

月中旬以降に播かないといけないことになります。佐世保では11月播きではトウ立ちしないが、10月は暖冬だと苗が大きくなってトウ立ちするとよく先輩農家から教えられました。

関東系の1本ネギ（白ネギ）で夏秋どりではトウ立ちさせれば即失敗です。しかし、分けつが盛んな九条系のネギ（青ネギ）はトウ立ちしても打つ手があります。花茎（ネギ坊主）を切り落とせば株元から分かれた分身にエネルギーが重点的に分配されるようになり、正常に生育します。ラッキョウのように根がふくれるのでネギとしての格好は悪いですが、収穫物がゼロとなる危険性は回避できるので、悪いことばかりではありません。

栽培

【植え付け準備】

秋冬どり栽培では2～4月にタネを播き、7～8月に植え付けし、10月～翌春3月頃まで収穫します。夏秋どり栽培では10～11月にタネを播き、苗床で越冬して3～4月に植え付けし、7～10月に収穫します。小ネギや薬味用では周年栽培ができ、タネを播いてから50～60日で13～25cmくらいのものを収穫します。

1m幅の平床に6cmの間隔でスジ播きします。薄く覆土してその上からかん水し、乾燥防止のため敷きワラをします（❶）。播いてから1週間で発芽し、苗床の最終株間が1～2cmになるように間引きます。これより密であれば、本葉2～3枚の頃にさらに間引きます。秋播きなど生育期間が長期にわたる場合は、生長を見ながら適宜条間に速効性化成肥料を追肥しましょう。

【植え付け】

定植30日前に1～2kg/m²程度の堆肥を全層混和します。次に苦土石灰で100～150g/m²を7日前に同じく全層施肥します。元肥100g/m²を数日前までに全層混和して整地しておきます。リン酸が多いほうがよいので熔リ

ンや過リン酸石灰で25g/m²程度を元肥に加えましょう。リン酸成分の多い化成肥料を使ってもいいでしょう。リン酸分の多少の誤差は影響がありません。

植え付け時期になったら2～3日前に掘り上げて根を乾かしておきます。深さ5cmの溝を掘り、10cm間隔に1株あたり2～3本ずつ苗を植えます。また、3～5cmおきに1本ずつ植えるやり方もあります（❷）。手間はかかりますが、揃いがよくなるので、こちらが私のおすすめです。

【手入れ・収穫】

タネを播いてから定植までは地床育苗で3カ月かかります。3月に播くと定植は6月頃です。九条ネギの収穫は定植から約3カ月たつと順次行ない、1本ネギの場合は約4カ月以上かかるので、10～11月以降が収穫期になります。化成肥料の肥効は1カ月程度なので追肥は最大3回くらい、1回あたりは一握り（25～30g/m²）が適当です。

土寄せは約1カ月ごとに3～4回行ないますが、地温が高い盛夏期は避けるようにします（❸）。1回の土寄せは1本ネギの場合5～7cmくらいです。1本ネギは土寄せして軟白部分が30cmになる頃が収穫適期です。九条ネギの場合は白い部分はそんなに伸びないので軽く土寄せしていきます。通常、追肥は土寄せ時に中耕と兼ねて一緒に行ないます。

高温乾燥が続くとハモグリハエ、アブラムシ、スリップス、シロイチモンジヨトウなどの害虫が発生しやすくなります。低温多湿時や多肥の場合はべと病が、春秋の季節の変わり目でさび病が発生しやすくなります。このように、病害虫の発生には前兆があるので、可能なら元肥は少なめで追肥で生育をコントロールしたり、深ネギは水はけのよく耕土が深い砂質壌土の畑でつくったりするなど、耕種的な防除方法で、そうでなければ早めの薬剤の予防散布が効果的です。

❶ 苗床作り・タネ播き

【1m²あたり】
堆肥　1〜1.5kg
苦土石灰　100〜150g
元肥　100g
追肥（1m²あたり）
　50g（1回）

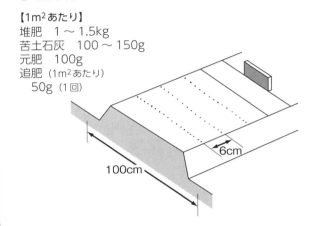

100cm
6cm

● 平床を平らにならして板などで播き
溝を作る。
● タネをスジ播きして5〜100mm
の覆土をする。水をやって乾燥させ
ぬよう管理。
● タネを播いてから30日後、60日後
にそれぞれ50g/m²ずつ追肥する。

葉菜類

❷ 定植

【1m²あたり】
堆肥　1〜2kg
苦土石灰　100〜150g
元肥　100g
熔リン　25g
ウネ幅　1m
株間　10cm
条間　60cm

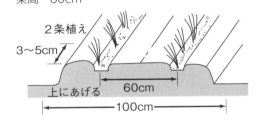

2条植え
3〜5cm
上にあげる
60cm
100cm

● 3〜5cmおきに1本ずつ植える。

❸ 土寄せ（白ネギ）

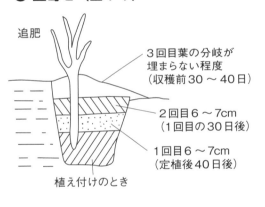

追肥

3回目葉の分岐が
埋まらない程度
（収穫前30〜40日）

2回目6〜7cm
（1回目の30日後）

1回目6〜7cm
（定植後40日後）

植え付けのとき

● 生育にしたがって、少しずつ土寄せして
軟白（ネギの白い部分）にする。

ネギの栽培暦

| 1月 | 2月 | 3月 | 4月 | 5月 | 6月 | 7月 | 8月 | 9月 | 10月 | 11月 | 12月 |

タネ播き　定植　収穫

(2)秋冬どり

(1)夏秋どり

※夏秋どりは早播きするとトウ立ちする

レタス

- 高温が苦手で、低温が好き
- トウ立ちするので、9月になってからタネを播け（暖地のみ）
- 根が切れてもすぐ再生！移植栽培が最適

科	キク科	原産地	中近東内陸小アジア
播き方	育苗箱→ポット	根	細根が発達して再生力も強い
葉	広くツルツル	花芽分化スイッチ	高温
トウ立ちスイッチ	高温長日		

ポイント

【特性】

　レタスは結球する玉レタスはもちろん、結球しないサニーレタスやグリーンリーフレタス、サラダ菜、チマサンチュなどの萵苣類をすべて含みます。レタスはホウレンソウと並んで主要な葉菜類のなかでは異端児で、アブラナ科ではなくキク科です。キク科には他にシュンギクやゴボウがあります。わざとトウを立て花を咲かせると、キクによく似た花が咲きます。

　レタス類のタネは一様に非常に小さく、針のように尖っています。タネが播きにくい形をしているため、丸く形を揃えたコート種子が普及しています。

【タネ播き・育苗】

　タネ播き（育苗）のコツもアブラナ科とまったく異なります。まず、涼しくなければなりません。家庭菜園ではベビーリーフ栽培を除き、夏場に播くのは避けたほうが賢明です。次に、ダイコンなどは光が当たると芽が出にくいですが、レタスは光が当たったほうがよく芽が出ます。つまり、覆土はしないほうがいいのです。

　覆土はしないので、乾燥防止のために不織布などで被覆し、水もその上からかん水します。表土が硬くならず、タネも叩きませんので

発芽がよくなります。

　また、苗は非常に軟弱なので、夕方にはかん水しないようにしましょう。午後3時以降にかん水すれば、光合成が停止している夜間に生長して徒長してしまうからです。レタスは、非常に細根が発達しており、育苗箱から少々乱暴に抜き取っても苗は活着します。植え付けはたいへんラクです。

【栽培】

　レタス、ゴボウ、シュンギクはキク科なので互いに連作すると、菌核病や腐敗病などの連作障害があります。菌核病の病原たる菌核は、土中で7年も生き長らえることができます。できるだけ、連作しないようにしましょう。

　発芽や生育適温は20℃以下で、25℃以上では結球せず花芽分化しトウが立ちます。低温ではなく、高温で花芽が分化するので、アブラナ科とまったく逆の性質を持ちます。「高温が苦手で、低温が好き」と覚えておきましょう。

　普通のアブラナ科葉菜並みに5℃以上であれば生育できます。秋播きの場合、佐世保では結球レタスは9〜11月頃までいつでも播けます。非結球レタスなら9月〜早春までいつでも播けます。アブラナ科ではこれほど長く播くことはできません。トンネルなどで平均気温を上

> ### カコミ　新感覚の肉厚リーフレタス「パリサラ」
>
>
>
> 　レタスはF₁の品種がほぼありません。効率的に雑種をつくる方法がないからです。したがってほぼ全部固定種です。F₁でないにもかかわらず、ものすごいスピードで新しい品種が育成されています。新しい品種は耐病性を売りにしていますので、従来の品種が病気にかかりやすくなりました。効果的な薬剤がなくなり、予想外のいたちごっこが繰り返されている状況です。ホウレンソウにはF₁がありますが、べと病の耐病性競争において状況はまったく同じです。
>
> 　これは業界の裏話ですが、レタスは主にアメリカで改良されてきました。日本のレタスはほとんどがその導入種です。ホウレンソウもまったく同じです。一方、アブラナ科野菜のキャベツやブロッコリーなど、日本製の品種は優れており、タキイ、サカタなど日本の主要な種苗会社は盛んに輸出しているそうですが、今のところ無益な耐病性のサバイバルレースが起きていないのは幸いだと思います。

げると可能かもしれませんが、11〜2月播きはトウ立ちしやすく、生育が遅いのでまったく適しません。しかしレタスはまったくトウが立ちません。

　暖地ではトンネルをすれば厳寒期でも生長を続けられます。

栽培

【植え付け準備】

　春播きは1〜2月、秋播きでは8月中旬〜10月が適期です。夏場は25℃以上でトウが立ちやすいので、温度管理に注意しましょう。

　最近の夏は残暑も厳しいので、十分涼しくなってからタネを播いたほうがよいです。家庭菜園では9月になってから播くのがが賢明です。

　コート種子ではなく生種であれば8〜9月上旬の高温時は催芽処理したほうが、発芽揃いはよいです。しかし、最近ではコート種子が多くなり水に浸けることができません。また、気温が下がってくれば催芽処理は必要ありません。

　レタスは酸性を嫌うので1m²あたり苦土石灰100〜200gを施しよく混ぜます。堆肥2kg、元肥100g程度を全面に施します。

セル育苗——一般にプロ向き

　128穴のセルトレイに市販のタネ播き専用土を入れ、コート種子を1〜2粒ていねいに播きます。覆土はしません。十分鎮圧し、不織布などをかけ乾燥を防止し、その上からかん水します。3〜4週間後、本葉3〜4枚になった若苗を定植します。仮植はしないので夕方の

かん水を避け、水分過剰に注意し、徒長しないようにすることがポイントです。

仮植する育苗──家庭菜園向き

プランターや市販の育苗箱などに、清潔な市販のタネ播き専用土を入れあらかじめかん水しておきます。コート種子もしくは生種を5〜10mm間隔でていねいにスジ播きし、土はかぶせず、かまぼこ板などで十分押さえます（❶）。適温下では約4日で発芽しますが、乾燥防止のため不織布などをかぶせておきます。約1週間〜10日後、本葉1.5枚くらいの苗を7.5〜9cmポットに鉢上げします。鉢上げまでに、必要があれば不織布の上からかん水します。約3週間後、本葉5〜6枚となってから定植します。

【植え付け】

ウネは60〜70cmで2条植え、株間は30cm。植え付け前に十分かん水します。根鉢を崩さないよう気をつけ、深植えにならないように定植します（❷）。穴あきマルチなどを使うと除草の必要がなく、雨水のはね上げによる病気の発生が少なくなります。

【手入れ】

マルチ栽培の場合は追肥はほとんど必要ありません。そうでない場合は定植後1カ月以上たったら60g/㎡程度を追肥します。

ナメクジの被害が深刻です。結球しかけた頃、重点的にメタアルデヒド系の薬を周辺にまいて、薬をなめさせて殺す誘殺法が有効です。ナメクジの好きな物陰や敷きワラ、雑草、草、レタスの残滓などはできるだけ取り除いておきましょう。

【収穫】

レタスの結球性はハクサイに次いで早く定植後2カ月未満です。暖地8月下旬播きの早生種ならタネを播いてから3カ月未満で収穫できます。キャベツは定植後2カ月以上かかりますのでハクサイ＞レタス＞キャベツと生育の早さを記憶しておくとよいでしょう。結球レタスを

前提にしていましたが、サニーレタスやグリーンリーフならさらに早く、早生系ハクサイ並みに2カ月ぐらいから収穫できます。

セルトレイで育苗したレタスの苗。直根タイプではなく、細根が発達するタイプ。根が切れても再生力が強いので移植に向く

❶ 育苗

育苗箱のとき

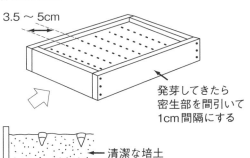

3.5 〜 5cm

発芽してきたら
密生部を間引いて
1cm間隔にする

清潔な培土

- 育苗培土はピートモス、バーミュキュ
ライト、パーライトなどを原料とする
市販のタネ播き専用土が望ましい。
- 本葉1.5枚の頃に7.5 〜 9cmポット
に鉢上げする。

❷ 植え付け

【1m²あたり】
堆肥　2kg
苦土石灰　100 〜 200g
元肥　100g
ウネ幅　60 〜 70cm
株間　30cm
条間　45cm

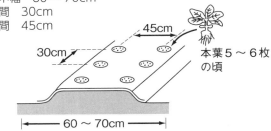

45cm

30cm

本葉5 〜 6枚
の頃

60 〜 70cm

- マルチを使うと除草と病気対策にな
り、追肥も必要ない。
- マルチをしないときは、定植1カ月
以上たったら60g/m²追肥する。

レタスの栽培暦

1月	2月	3月	4月	5月	6月	7月	8月	9月	10月	11月	12月

タネ播き　定植　収穫

秋播き

春播き

※早生〜中早生を使うと早春播きできる

根菜類

ニンジン

- ニンジン播くときは肥料をやるな
- 生育前半は水不足に注意しろ
- 生育後半は多湿に注意しろ

科	セリ科	原産地	中央アジア（東洋系）、アジア、トルコ（西洋系）
播き方	直播き	根	直根
葉	細かく切れ込んでいる	花芽分化スイッチ	ある程度の大きさで低温（グリーンプラントバーナリ）
トウ立ちスイッチ	高温長日		

ポイント

【特性】

ニンジンは東洋系が中央アジア、西洋系がトルコが原産で、現在使われている品種はこれらの交雑種です。原産地や葉の形からしてもともと乾燥地帯で育てられていたことは明白です。ダイコンがアブラナ科なのに対し、ニンジンはセリ科です。ダイコンはアオムシやコナガなどが問題になりますが、ニンジンには見向きもしません。逆にアゲハはニンジンが好きですが、ダイコンには見向きもしません。

ダイコンが2カ月で収穫期に達するのに比べ、ニンジンは倍の4カ月を要します。前半はゆっくり太るので、元肥が多すぎると根割れにつながります。逆に元肥だけで安心していると、肥料が切れた2カ月目くらいから急激に肥大生長するので、色づきが悪くなったりして品質が極端に悪くなります。つまり、肥料は後で施す追肥が重要となるわけです。

ダイコンが発芽後すぐから低温を感じるシードバーナリ型であるのに対して、ニンジンはある程度大きくなってから低温を感じるグリーンプラントバーナリ型に属します。ニンジンは株が小さい間は花芽分化する低温セ ンサーが働かないので、冬でも播けます。しかし葉の数が10枚くらいのときに低温（15℃以下）にあたると、低温センサーが感知して肥大が止まり、花が咲きます。

夏播き（6～8月）は、低温期になる前に生長が完了するので、播きどきに融通が利きます。また、あまり遅播きしなければ色づきもよく、多くの品種が適応して最もつくりやすい時期です。冬春播き（11～2月）はトウ立ちしやすく、品種が限定されます。被覆も必要です。

ニンジンは同じ畑につくっても平気だとよくいわれます。連作障害はあまり問題となりません。

【タネ播き】

ニンジンは発芽日数が長く、タネも水となじみにくい形をしており、発芽しにくい野菜の代表です。どんな天気でもニンジンを発芽させることができれば一人前といわれます。発芽できればニンジンづくりの半分は成功です。

発芽の三要素は水・温度・空気ですが、ニンジンは光も関係します。肥料や石灰は発芽にまったく関係しません。15～20℃くらいの適温（地温）では8～10日で発芽します。冬場は3週間近くかかるときもあります。この間、水分を切らせばタネが死んでしまうので、少なく

> ### カコミ　ニンジンの品種選び
>
> 　**夏播き**　ニンジンは7～8月がベストシーズンです。ニンジンはタネ播き後100日、110、120日くらいで収穫期に達します。前者から、早生系、中生系、晩生系と呼びますが、いずれもこの夏播きではトウ立ちが問題になることはありません。早晩性によって次の品種があります。
> 　　早生系：「向陽二号」（タキイ）
> 　　中生系：「スーパー黒田五寸EX」
> 　　晩生系：黒田五寸
>
> 　**春播き**　春播きは11～2月播きをひとくくりにするのが品種の分類上では一般的です。秋播きと違い必ずトウ立ちが問題になります。ニンジンはグリーンプラントバーナリ型で苗がある一定の大きさのとき低温にあたると花芽分化をします。シードバーナリ型のダイコンはタネ播き直後から低温（10℃以下）の影響を受けますが、ニンジンには少し猶予があります。次の葉数以下で冬越しさせましょう。
> 　　時無し系：「US春蒔五寸」（ウエキ）　本葉10枚まで
> 　　　　　　　「いなり五寸」（タキイ）　本葉10枚以下
> 　　夏春兼用系：「向陽二号」　本葉6～9枚まで
> 　　黒田系：「スーパー黒田五寸EX」　本葉5枚まで
> 　　金時系：「京くれない」（タキイ）　本葉5枚以下
>
> 　時無し系は露地で11月より3月播きができますがトウ立ちする場合もあり不安定です。
> 　しかし、トンネルをするとダイコンと同じようにトウ立ちが防げます。10℃以下の低温になっても昼間に20℃が確保できれば花芽が消えるのです。1～2月の低温期の花芽分化をなくせるので向陽二号などはトンネルを前提に11～3月播きができるのです。

てもいいから水分を持続させることが最重要です。ニンジンを播くときに足で踏むと、地下の水分が毛管現象によってタネの近くまでポンプアップされます。発芽に必要な最低限の水分が維持できる裏ワザです。

　また、光は当たったほうがよく芽が出ます。タネが乾燥するのもよくないのでタネが見えるくらいの覆土が適当です。

【栽培】

　ニンジンは排水性と保水性がよいとどんな土地でも結構うまくできます。生育適温は平均気温15～23℃で、春や秋のおだやかな気候での栽培が最適ですが、かなりの低温にも耐え、高温にも比較的強い性質を持っています。

　ニンジン栽培に関する質問で発芽の次に多いのが発色不良の問題です。ニンジンの栄養生長は2段階で行なわれ、前半はやや水分が多い状態で縦の生長を、後半はやや乾燥状態で横の生長へと変化します。よってニンジンの長さが出ないのは発芽後1～2カ月の水分不足が原因ですが、発色不良は次の2点が原因と考えられます。

　(1)カロテンがよく生成されるやや乾燥状態がキープされず、土壌水分が多すぎる

　(2)直径を増しながら重量を増やしていけるだけの養分が十分に吸収できておらず、ストレスを受けている

　ニンジンは葉がもともと細かく切れ込んで

おり、それほど降水量が多くない大陸内陸部で進化しました。つまり生育の大半はやや乾燥状態で過ごすことが、本来の種の宿命であるということです。

ダイコンは前半はやや乾燥で後半たっぷり水分が必要ですが、ニンジンはまったく逆で前半は水分が必要で後半はやや乾燥させたほうがいいので気をつけましょう。

ニンジンはダイコンと比べゆっくり太るので早く生長させたいときは最終的に8cm以上の株間に広げます。しかし家庭菜園には間引きながら長期間収穫することが適し、最終的に約8cmに間引くようにするとよいでしょう。

栽培

佐世保では「ニンジン播くときに肥料はやるな」「指1本、2本、3本と3回間引き、そのときに追肥しろ」ということわざがあります！

【タネ播き準備】

ウネ幅70cmに2条でスジ播きします（❶）。

ニンジンは酸性土壌を嫌うので石灰を200g/m²施して中和します。有機質を好み、生育後半は特に肥料分を多く必要としますが、前半は元肥の特にチッソ分量が多すぎると、根割れの原因となるので注意が必要です。他の根菜類と同じで、可能な限り日数を経た完熟堆肥か、完熟か怪しい場合は一作前に堆肥を与え直前の混入は避けて施します。保肥力のある土壌では、緩効性の元肥主体とし、不足分を追肥で補うようにします（割合は元肥2/3、追肥1/3くらい）。一方、赤土など保肥力の弱い土壌では元肥はチッソを控え、追肥主体の肥料設計をするほうがよい結果が出ます。成分量（合計で）で各10～15g/m²程度が目安です。リン酸はチッソやカリより多めのほうがよいので、10:15:10程度の化成配合肥料がよいです。なければ過リン酸石灰などを50g/m²程度を元肥として施し全層混和しておきます。

【タネ播き】

ニンジンは葉10枚くらいで低温に当たるとトウ立ちするグリーンプラントバーナリ型を示すので、トウ立ちしやすい晩秋～早春に播く場合には、晩抽系のトウ立ちしにくい品種を選びます。代表的な品種は「向陽二号」「いなり五寸」などです（カコミ参照）。トウ立ちの心配の少ない盛夏期に播くときも、生育日数がダイコンなどの倍（約4カ月）かかることを考慮し、8月下旬～9月上旬までに終えます。

一般に発芽率が他の作物に比べて低いので、タネをややたくさん播くようにします。ニンジンは好光性を示すので、多めの覆土は避けたほうがよく、発芽日数が長いので、その間乾燥しないように注意します。タネを播く前に十分かん水するか降雨を待ち、播き溝の下に十分な水分がある状態で、2条でスジ播きします。その後タネが見えるくらいの薄い覆土もしくは覆土をせず、足もしくは鍬などを使って十分押さえつけます。その後、乾燥を防ぐ目的でモミガラ、切りワラなどの軽い被覆を行ないます。

【手入れ】

発芽後混み合っているところを数回に分けて順次間引き、最終株間を8～12cmにします（❷）。家庭菜園では最終株間5cm程度に間引いて、3月頃までかけて順次抜き取り収穫しながら株間を広げていくと長期収穫できます。

追肥は条間もしくは通路に中耕や土寄せを兼ねて施します（❸）。先に述べたとおり、裂根防止や品質向上のために、土質によって施肥方法は変えたほうがよいと思います。

播いてから約50～60日（本葉6～7枚）で根の下への伸長が止まり次は横の肥大に移ります。これ以降はやや乾燥気味のほうが赤色がよく出ます。追肥や中耕などは避けるようにします。

【収穫】

五寸系で播いてから100～120日で収穫となり、太いものから順次間引くように収穫します。

❶ ウネ作り、タネ播き

【1m²あたり】
完熟堆肥　1 ～ 2kg
苦土石灰　200g

	黒ボク土	赤土
元肥	（10：15：10） 100g	（過リン酸石灰） 50gまたは 根菜用肥料 （リン酸、カリ主体） 50 ～ 100g

ウネ幅　70cm
条間　20cm

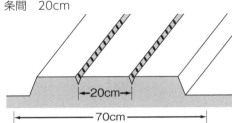

- タネはスジにやや多めに播く。
- 土はタネが見えるくらいに薄くかけよく押さえる。

❷ 間引き

【1m²あたり】

	黒ボク土	赤土
追肥	（10：10：10） 40 ～ 50g	（10：10：10） 25 ～ 30g

間引き菜も利用するとよい

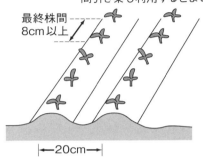

最終株間
8cm以上

20cm

- 黒ボク土では本葉3枚、6枚の頃の計2回間引く。
- 赤土では本葉1枚、3枚、6枚の頃の計3回間引く。
- 追肥は本葉6枚の間引き時に、一緒に施すとちょうどよい。

❸ 土寄せ

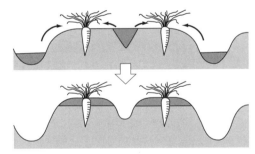

- 首部の裂皮を防ぎ、色上がりをよくするために、肥大に伴って土寄せする。
- 黒田五寸EXや向陽二号はもともと吸込み型で、この作業を省略できる。

ニンジンの栽培暦

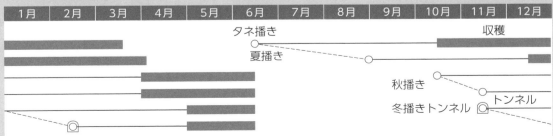

※夏播きで黒田系の中生は6月中旬から、早生は7月中旬から播ける

ダイコン

- 肥料やるより7回耕せ
- 前半乾燥、後半水分で短根防止、肥大促進
- 間引き上手で美人揃い

科	アブラナ科	原産地	地中海、インド、中国など各地
播き方	直播き	根	直根
葉	切れ込みと毛がある	花芽分化スイッチ	タネで低温 (シードバーナリ)
トウ立ちスイッチ	高温長日		

ポイント

【特性】

　ダイコンの原産地は、地中海、インド、中国など、諸地域に多くの原種が存在し、原産地からダイコンの特性を推測するのは難しそうです。

　アブラナ科の花は十字の形をしているので十字花科ともいわれていました。ダイコンはアブラナ科の中でも独立した野菜で他のアブラナ科にはない特徴があります。

　たとえば、(1)ハクサイやキャベツなど他のグループとは交雑しない、(2)根こぶ病にかからない、(3)他のアブラナ科は黄色の花が多いのに対し、白色である、(4)タネが大きく1株あたりのとれるタネが少ない、(5)キャベツやブロッコリーなどとは異なるシードバーナリタイプです。特に(2)は興味深く、ハクサイやカブなど根こぶ病の連作障害が出ている圃場でダイコンを育てると、次作の発病を抑えることができるそうです(おとりダイコン)。

　酸性に強く、比較的やせた畑でも十分育ちます。連作障害も出にくいので、家庭菜園の第一歩に最適です。

【タネ播き】

　タネも大きく、タネ播き後3日くらいで芽が出るので超簡単ですが、ニンジンと違い光を嫌うので、ていねいな覆土が必要です。

　家庭菜園では、前作に栽培した野菜の肥料分や石灰分が残っていることが多く、他の野菜ほど堆肥や石灰は重要ではありません。

【栽培】

　ダイコンは「肥料より7回耕せ」とよく教えられたものです。ツルツルで形の揃ったダイコンをつくるための秘伝です。耕す回数が増えれば土壌の物理性が劇的によくなり、好気性微生物も元気になり、肥料以上の効果を発揮します。堆肥は有用ですが未熟なものは厳禁です。キスジノミハムシやコガネムシが発生し肌が悪くなります。特に粗大有機物の直前すき込みは注意しましょう(24ページ)。

　ニンジンと違ってダイコンは水分の塊です。ダイコンは「最初はやや乾燥気味、後半は水分たっぷり」が良作のポイントです。生育後半に乾燥すると、ホウ素欠乏などの生理障害が出やすくなります。逆に生育初期はやや乾燥気味のほうが根は長くなり、雨が多いと短くなります。ダイコンの根はもともと他の根菜類より強いので、乾燥状態でも下へ伸びようとしますが水分が多いと甘えてしまい伸びようとする力が弱くなります。特に排水が悪い畑など

カコミ ダイコンの品種選び

　青首、白首や総太り、短形、丸型やスリダイコン、おでん・煮物、漬け物、刺身のケンなど形状用途が様々なので品種選びが肝心です。
　10月以降の秋ダイコンは低温肥大性やトウ立ちが問題となりますので、9月播きまでのダイコンと区別して考えましょう。

トウ立ち回避
　ダイコンは品種によって異なりますが、タネを播いた直後から10℃以下の低温にある程度の期間（半月〜1カ月）さらされると花芽が分化し、春になり高温長日になるとトウ立ちします（シードバーナリ型）。ダイコンをトウ立ちさせないためには、①トウ立ちするまでに肥大を完了させるか、②花芽が分化しないようにするかのどちらかの方法しかありません。

秋播きでは①の方法が有効です
　（A）播きどきを選ぶ
　8〜9月播きは年内に肥大が完了するのでほとんどの品種でトウ立ちが問題となることはありません。
　（B）被覆資材で生長をスピードアップ
　播きどきを不織布べたがけやマルチで2週間、トンネルで1カ月、ハウスで2カ月後ろへずらすことができます。ただし、温度だけをコントロールしているので可能な品種は限定されます。
　（C）晩抽系品種を選ぶ
　（C）が一番有効です。以下は暖地における品種の一例です。
　　（1）露地で10月中旬くらいまで播ける品種
　　　…「冬職人」（高農）、「冬嶺2号」（サカタ）など、
　　（2）露地で10月下旬頃まで播ける品種
　　　…「晩抽あごおち」、「三太郎」（タキイ）、「味職人」（高農）
　　（3）露地で11月上旬まで播ける品種
　　　…「あごおち22」、「大師」（タキイ）などの韓国系一般

春播きでは、②の方法が有効です
　花芽分化する低温期はほぼ12〜3月まで続きます。また、4月中旬以降に播いたものは収穫が梅雨とかぶるので、根が地中に潜り込んだままの吸い込み型や品質のよい秋播き系のダイコンは腐ります。したがって晩抽系でない秋播き用の品種は春播きには使えません。秋播きで残ったタネは春に播かぬようにしましょう。
　さて、春播きではタネを播いた直後の低温に影響を受けるのでいずれの品種も早播きするとトウ立ちの危険があります。しかし！　ダイコンには裏技があるのです。ディバーナリゼーション（脱春化）というトウ立ちキャンセル機能です。
　タネを播いてから本葉6枚くらいまでトンネルやハウスをして、夜が寒くても昼間25℃以上を5〜6時間当て続ければ花芽がついても消えるのです。その後の低温でいずれは花芽分化しトウ立ちに移るのですが、秋播きの晩抽系と同じようにトウ立ちするまでに肥大が完了してしまうので問題は起きないという寸法でうまくいきます。具体的な品種は秋播き晩抽系のうち（2）と（3）が使えます。
　佐世保での播きどきは露地では3月下旬以降、べたがけやマルチでは3月上旬以降、トンネルでは2月中旬以降、ハウスでは1月以降です。
　あごおち22や、三太郎、大師など韓国系品種ではハウスを利用すると10月〜3月まで連続してタネ播き可能です！

根菜類

常に水分がある層が地表近くにあると成長点に酸素が足りなくなり伸長がストップしてしまいます。短根化やずんぐりダイコンの原因の多くがこれです！

ダイコンはタネ播き後基本的に2カ月で収穫にできます。短期間で肥大するので、追肥より元肥が大切です。

栽培

【タネ播き準備】

ダイコンづくりは耕土が深く保水性があり、排水性に優れた肥沃な土づくりが必要です。また、岐根を防ぐためにも深く耕し、土を細かくしタネの下には直接肥料を施さないようにします。完熟堆肥の施用で膨軟な土壌をつくることも大切です。しかし、未熟堆肥の施用はチッソ飢餓を起こしたり、未熟有機物を分解する微生物、エサとするキスジノミハムシなど俗に根虫と呼ばれる害虫の繁殖を助長するので特に注意します。

肥料は元肥を主体として初期生育を順調にさせます。1m^{2}あたり成分量でチッソ15～20g、リン酸15g、カリ15gが標準。10：10：10の配合肥料を用いた場合チッソ成分で計算すると、全量元肥の場合、150g/m^{2}程度必要になります。

ウネ幅60～70cm、株間約25cmの高ウネとし、4～5粒を点播きします（❶）。

【タネ播き】

8月や9月の暑い時期に播くときは、かん水したあとか、夕立のあとに播くとうまく発芽します。暑いときは肥料は少なめ、株間を広めの25cm、種は1穴4～5粒とやや多めのほうが病気にかかりにくく、台風などの被害が少なくなります。寒くなってくると肥料はやや多め、株間約20cm、種は1穴3粒でうまくいきます。タネの上から5mm程度の覆土して、土を上から軽く押さえて十分に水をかけます。

【手入れ】

播いてから3～4日もすれば発芽するので、子葉が重なり合わないように間引きます（❷）。その後も常に隣どうしの葉先がふれ合わないよう間引きします。間引きの際、残した苗を傷つけないよう注意します。

間引くべき苗は、小さすぎる苗、異形や丸、長い苗、大きすぎる苗、色が濃すぎる苗です。ハート形の苗は残しましょう。

そして可能ならウネの方向に双葉を揃えたほうが側根の方向もそれに倣って伸び、各株の土壌条件が揃い、ダイコンもより均一になります。

1本立てにしてからウネ間に追肥し、中耕しながら土寄せします（❸）。

気温が下がるほど生育に時間がかかり、元肥は2カ月で効果がなくなります。それ以上畑に置くときはさらに追肥が必要です。

【収穫】

収穫が遅れると過熟してダイコンにスが入るので、適期に収穫しましょう。秋播き栽培でタネを播いてから2～2.5カ月で収穫期に達します。最近のス入りの遅い品種で2カ月以上圃場に置いておく場合は、追肥が必要です。施肥量は元肥の3分の1程度で大丈夫です。

❶ タネ播き

【1m²あたり】
苦土石灰　100g
元肥　150g
ウネ幅　60〜70cm
株間　20cm

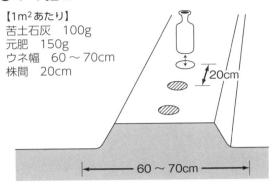

20cm

60〜70cm

- オロナミンCの瓶の底などで浅い播き穴をつくり、1穴4〜5粒のタネを播く。
- 覆土は5mmくらいとし、上から軽く押さえて敷きワラ、かん水する。
- 元肥は全面に施し、深耕して土を細かくし、排水性の悪いところでは高ウネとする。

根菜類

❷ 間引き

本葉1枚で
3本立て

本葉3〜4枚で
2本立て

本葉6〜7枚で
1本立て

- 隣どうしの苗の葉先が常にふれ合わないように間引く。
- 間引きのあとは必ず土寄せして倒伏を防ぐ。

❸ 土寄せ、追肥

追肥（1m²あたり）　50g

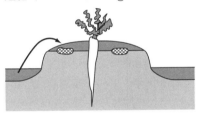

- 1本立ちになれば、生育を見ながら株間やウネの肩に追肥を施し、株元まで土寄せする。

ダイコンの栽培暦

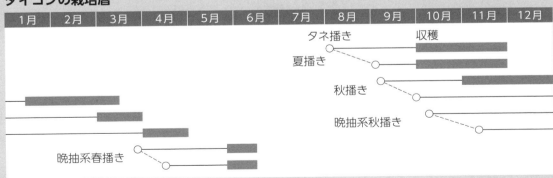

※夏播きは耐暑性のある品種を使う

121

カブ

- 苗がやや伸びてもすばやく土寄せすれば丸くなる
- ていねいに整地して、ていねいに薄く播け
- やや遅播きで害虫知らず

科	アブラナ科	原産地	ヨーロッパ、アジア
播き方	直播き	根	直根
葉	やや丸葉でダイコンより小さく薄い。品種によって毛がある	花芽分化スイッチ	タネで低温（シードバーナリ）
トウ立ちスイッチ	高温長日		

ポイント

【特性】

　原産地はヨーロッパとアジアと二つあるそうです。現在の品種はその交雑種です。

　カブはハクサイやキャベツ、ダイコンなどと同じアブラナ科の根菜です。花はハクサイと見分けがつきません。アブラナ科の中でもハクサイや菜類と同じグループに属します。

　漬け菜類とカブは同じ考えで栽培できるのです。また、同じ病害虫が問題となります。

【タネ播き】

　カブは発芽日数も3〜4日で非常に発芽しやすいので初心者でも簡単です。肥料は元肥だけで十分です。

【栽培】

　カブはダイコンと同じようにタネが低温（12〜13℃以下）に一定期間おかれるとトウ立ちするシードバーナリ型ですが、春播きと秋播きともに品種を選べばほぼダイコンと同じ作型で栽培できます。栽培期間が短い小カブは、果菜類や他の野菜の前後作・間作・混作として重宝する根菜です。

　ダイコンほど直根が強くないので、早めに収穫しないと品種によってはスが入ります。少しずつ播きどきをずらせばスが入らず長く楽しめるでしょう。また、ホウ素やマグネシウムなどが欠乏したり土が乾燥してもスが入りやすいので、微量要素肥料を与えたうえで、乾燥しすぎに注意してください。

栽培

【タネ播き準備】

　本書では小カブ栽培を前提として解説します。小カブは栽培期間が短いので緩効性なら元肥一本で十分いけます。

　完熟堆肥を1kg/m²施します。未熟なものは絶対ダメです。未熟なものしかなければ直前混入は避け、タネを播いてから1カ月前に全層混和しましょう。苦土石灰は100〜150g/m²をタネを播く1週間前までに全層混和、その後元肥を100〜150g/m²全層混和し、整地します。整地後、土壌中に十分水分があることを確認して播きます（❶）。

【タネ播き】

　ウネ幅90cmの高ウネを作り、2〜4条でスジ播きします。クワ幅の播き溝にタネを播き、タネの2倍の厚さに土をかけて軽く押さえます。土に湿り気がある状態で播きますが、乾燥が

ひどい場合はタネ播き半日ほど前にかん水しておくとよいでしょう。タネが小さいので播いたあとのかん水は控えたほうが賢明です。

3〜4日で発芽するので3回に分けて間引きます（❷）。

【手入れ】

中耕は間引きのたびに、また土寄せは第2回目の中耕のときにかん水を兼ねて行ないます。

基本的に追肥は不要ですが、収穫が遅れたり、中カブ以上に肥大させる場合は1回につき25g/m²程度の追肥を1カ月あたり1回で施肥するとよいでしょう。

カブは登録農薬の種類が著しく少ないマイナーな作物ですが、秋播きなら害虫の発生がほぼありません。

小カブは栽培期間が短く、10月までタネ播き可能な秋播き品種があります。10月下旬に不織布のべたがけ栽培をすると年内は無理かもしれませんが1〜2月に、ほぼ害虫の被害なく収穫できるでしょう。

【収穫】

年中つくれる小カブは、秋播きでタネを播いてから40〜50日、中〜大カブで60〜100日程度で収穫できます。

根菜類

❶ ウネ作り、タネ播き

【1m²あたり】
完熟堆肥　1kg
苦土石灰　100〜150g
元肥　100〜150g
ウネ幅　90cm
最終株間　約10cm（小〜中カブどり）

2条で等間隔で
スジ播き

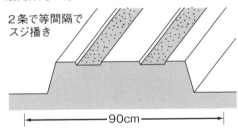

90cm

● 高ウネ2〜4条スジ播きし、タネの2倍の覆土をする。

❷ 間引き

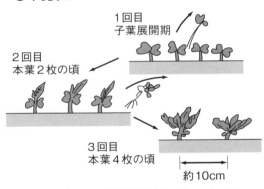

1回目
子葉展開期

2回目
本葉2枚の頃

3回目
本葉4枚の頃

約10cm

● 3回間引いて、最終株間は約10cmとする。
● 中耕は各間引きのとき、土寄せは2回目の中耕のときに行なう。
● カブは根ではなく茎が肥大する。徒長した苗でも土寄せすれば正常に肥大して大きくなる。

カブの栽培暦

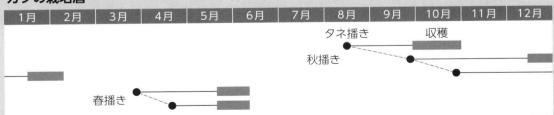

※春播きはトウ立ち防止のため3月下旬から、梅雨に生育期間がかぶらない。4月中旬まで播ける。
　春播きでもできる極晩抽系品種「ピーチホワイト」なら味もよく、サラダから焼カブまで楽しめる

ゴボウ

- 連作は根の黒ずみのもと
- 水田裏作すれば連作できる
- 秋播きゴボウは早播きするな、春播きゴボウは遅播きするな

科	キク科	原産地	中国北部からヨーロッパ北部にかけて
播き方	直播き	根	直根
葉	広く葉裏は白い	花芽分化スイッチ	ある程度の大きさで低温（グリーンプラントバーナリ）
トウ立ちスイッチ	長日		

ポイント

【特性】

ゴボウは中国東北部からヨーロッパにまたがる広い地域が原産です。発芽適温も生育適温も20℃以上なので他のアブラナ科の根菜類に比べるとやや高めです。原産地は日本より温度が低いので、根部の耐寒性はずば抜けており地上部が枯れてしまう氷温以下でも変質しません。

タネは百日草（ジニア）みたいにカサカサです。カサカサして種皮が硬いので水分が少なく温度が低いときには非常に発芽が遅くなります。ゴボウは晩秋から早春にタネ播きするので、栽培の第一関門は発芽です。

最近、ゴボウづくりが敬遠される理由の一つが根の長さです。深い耕土の畑が必要で、収穫も大変だからです。さらに太い直根が発達していますが、細かいひげ根もたくさんついています。出荷するときにこのひげ根とりにも大変な労力がかかるのが二つ目の理由です。

ゴボウはキク科に属します。葉の裏が表と違って白っぽくてキクの葉っぱに似ています。花はまるでアザミのようです。ちなみにアザミもキク科です。意外だと思われるかもしれま

せんが、レタスやシュンギクもゴボウと同じキク科なので、同じ畑でつくると連作障害が出ます。連作するとセンチュウが増え、長期間畑に置いておくと根の表皮が黒ずんできて、時間がたつごとにひどくなります。春播きゴボウは「置きゴボウ」といって、丸1年以上畑で生育させながら収穫するので、この黒変は大問題です。ゴボウを水田の裏作でつくるのはこの連作障害を回避するためです。

ちなみに、キク科には花の性質上、F₁がありません。レタスもシュンギクもほとんどありません。ゴボウで上梓されている品種は100%固定種なのです。

【タネ播き】

ゴボウのタネはニンジンと同じく発芽が遅いので、覆土をしたうえで十分押さえつけておくことがポイントです。ただし、乾燥している畑で鎮圧しても意味がありません。タネを播く前に表面は乾いていても内部の土壌にたっぷり水分が含まれていることを確認したうえでタネ播きします。

ゴボウは主な播きどきの温度が低いのでさらに発芽が遅くなりがちです。発芽適温は20〜25℃ですが、トウ立ちを避けるために秋に

カコミ サラダゴボウは3カ月で収穫できる

　ゴボウはある程度大きくなってから低温を感じるグリーンプラントバーナリ型なのがポイントです。つまり、春播きならトウ立ちのリスクは低いです。一般的に栽培するならこちらの作型がおすすめです。なお収穫期は幅があり根径1cm程度の若いゴボウを収穫すれば引く労力も軽減できるのでかなり早くから収穫もできます。

　「ダイエット」（サカタ）などのサラダゴボウは小指の太さ、長さ30cmくらいで収穫していきます。タネ播き後3カ月で収穫でき、ゴボウの中で生育期間が短いのでタネ播き限界も延びて2月から9月上旬までタネ播きできます。もとから短い品種ではなく、時間がたてばもっと長くなり得るのですが若どりに特化して育種されました。

　このようにゴボウの生育期間はかなり幅があり、それに伴って肥培管理も変えなければいけません。たとえば生育期間が6カ月から3カ月に短くなるサラダゴボウの場合、元肥はほぼ同じでよいとして追肥を半分くらいに減らしてやるとよいでしょう。

　さて、ゴボウはパリパリ触感とともに独特の香りが命でもあります。黒ボク土の大産地でつくられたゴボウはすらりと長く毛も少なく根径も太めです。一方佐世保などの赤土で育ったゴボウは毛も多めで短く形も不揃いのものが多いです。佐世保の人は「赤土ゴボウは香りがよいから」と言って外見にはあまりこだわりません。赤土はやせているがゆえに肥大期にストレスを受け、トウガラシやトマトなどと同じ理屈でそのストレスに打ち勝とうと供給養分を増やすために濃厚な風味が生まれるのだろうと思います。

遅播きするときでは低温の影響を強く受け、発芽しづらくなるので特に注意が必要です。トンネルをするのがベストですが、不織布のべたがけ被覆をするだけでも温度が上がるので非常に効果的です。

【栽培】

　ゴボウはある一定の大きさで低温にあうとトウ立ちするグリーンプラントバーナリ型なので、年を越す秋播き栽培ではトウ立ちのリスクが高いです。早播きは必ずトウ立ちするので、秋播きは稲刈りが済んでからが適期です

（暖地）。やや遅めのタネ播きとトンネル被覆がトウ立ちしないための特効薬です。

　サラダゴボウなどの早生短形のゴボウが最近はやっています。これはトウ立ちが始まる前に収穫を終えようと考えている作型なので、夏の遅播きは注意が必要です。ちなみに佐世保では露地で9月上旬が早生系サラダゴボウの遅播きの限界です。

　未熟有機物はダイコンと同じく岐根が出るので絶対避けます。長くなるゴボウは掘り取るのが大変なので家庭菜園では嫌われ者ですが、

土を入れたポリ袋にタネを播く栽培でも十分ゴボウは育ちます。短形のサラダゴボウならそれほど高いウネ上げは必要なく掘り取りもラクです。

さてゴボウがキク科だからかもしれませんが、葉の中にはマメハモグリバエが発生しやすいです。マメハモグリバエは野菜の中でキク科が最も好きだといわれています。キク科だけではなく野菜も無関係に食害します。しかも老化した葉が好きなのでゴボウのように畑に長く在圃するものがあれば越冬後にトマトやキュウリなどにも感染しやすいので早めに防除しておきましょう。

栽培

【タネ播き準備】

ゴボウの最大の弱点は連作障害を受けやすいことで、ダイコンやニンジンより強敵です。表皮が黒ずむ障害が主ですが、連作により悪玉のネグサレセンチュウなどが増えることが原因です。一作したら普通4〜5年は栽培しないでキク科以外の作物をつくるようにしましょう。佐世保ではゴボウは田んぼの裏作でつくるものと相場が決まってました。

このようにゴボウづくりは畑選びが肝心です。地下水位の低い水はけのよい土壌が必要です。耕土が深いからというだけで栽培すると岐根ができたり、ひげ根が多かったりもします。稲ワラや緑肥をすき込んですぐの畑や未熟な堆肥が入っている畑では絶対にうまくいきません。

できるだけ早めに完熟堆肥約1kg/m^{2}くらいを念を入れて全層混和します。次に苦土石灰で150g/m^{2}をタネ播き7日前までにさらに全層混和します。最後に元肥を苦土石灰とはずらしてさらにもう一度全層混和してからウネ立てします。

全施肥量は1m^{2}あたりで成分量N：P：K＝20g：25g：20g程度です。ゴボウは栽培期間が長いのでダイコンなどよりも肥料をやや多めに、リン酸を多めに施します。元肥を100g/m^2、リン酸の不足分を過リン酸石灰で約30g/m^{2}程度補います。追肥は元肥と同量の100g/m^{2}を施します。

佐世保のようなやせた赤土地帯では元肥と追肥の比率は1：1くらい。黒ボク土など肥えた畑では2：1くらいに追肥を減らして施肥します。基本的にリン酸だけは全量元肥とします。

ウネ幅70cm、高さ30cmくらいの上げウネで1条植えとします（❶）。

【タネ播き】

タネの播き方にはスジ播きと点播きがあります。スジ播きするときは間引く手間と苗のストレスのバランスを考えて100粒／1mくらいの密度が最も効率がよいでしょう。なお、発芽しづらい低温時などはもう少し多めに厚く播いてもよいでしょう。点播きするときは最終株間の10cm程度の距離をあらかじめ開けて播いていきます。1カ所に5粒くらい播きます。

前述したようにゴボウはニンジンと同じく最初の発芽で勝負が決まります。タネを播くタイミングは整地後降雨があって数日後ですが、乾燥しているときはあらかじめかん水しておくと理想的です。その後鎮圧し、不織布などでべたがけして乾燥を防ぎます。越冬するときはべたがけを春まで続けても大丈夫です。ゴボウは畑の保水状態を確認して水に浸けず、生種を播くのが王道です。

【手入れ】

本葉3枚くらい（タネ播き後1カ月）と、本葉6枚くらい（タネ播き後2カ月）のときに間引き、最終株間約10cmになるようにします（❷）。ニンジンと同じようにかなりゆっくりとしたスピードで成長します。

ニンジンもそうでしたが、根の下方向への生長は約2カ月かかり、その後葉が茂って次に根が横方向へ肥大します。このタイミングまでに十分肥料を効かせておく必要があるので、

間引くタイミングに合わせて追肥します。50g/m²ずつ2回に分けて追肥すればよいでしょう。

【収穫】

　暖地で代表的な品種、純三年子 滝の川の場合、春播きでは2〜4月播きで10月以降収穫開始。秋播きでは10〜11月播きで6月以降収穫できます。トウ立ちが怖いので早播きは10月からとしていますが、晩抽系の早生系を用いれば9月下旬くらいから播けます。

　畑の深さにもよりますが、最大長は90cm以上になります。早生系を使うと70cm以下が目安です。こうしてみるとタネ播きから収穫まで半年以上かかるわけですからゴボウがいかに時間がかかり、畑を長く占有するのかがわかります。

根菜類

❶ ウネ作り、タネ播き

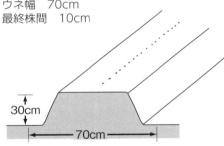

【1m²あたり】（やせた赤土）
完熟堆肥　1kg
苦土石灰　150g
元肥　100g＋過リン酸石灰30g
ウネ幅　70cm
最終株間　10cm

30cm
70cm

● 地下水位の低く、水はけのよい畑を深く耕す。
● 1m近いゴボウは通路の下50〜60cm以上耕す。
● 雨のあとかん水してから播く

❷ 間引き、追肥

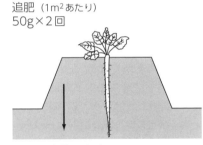

追肥（1m²あたり）
50g×2回

2カ月かけて
根が伸長

● 本葉3枚、本葉6枚で間引くときにそれぞれ追肥する。

ゴボウの栽培暦

1月	2月	3月	4月	5月	6月	7月	8月	9月	10月	11月	12月

収穫
タネ播き
秋播き
春播き

※秋播きは晩抽系を使う。また、早播きをするとトウ立ちする

タマネギ

- 定植までは、前半水分、後半乾燥
- トウ立ち防止は生長を急がず、早播き・太りすぎ厳禁
- 追肥の時期は早生は年内、晩生は２月までで腐敗防止

科	ヒガンバナ科	原産地	北西インド、タジク、ウズベク
播き方	苗床	根	ひげ根
葉	細長くてツルツルの筒状	花芽分化スイッチ	ある程度の大きさで低温（グリーンプラントバーナリ）
トウ立ちスイッチ	高温長日		

ポイント

【特性】

　タマネギは北西インド、タジク、ウズベクが原産地です。温和な気候を好み耐寒性は強いが暑さに弱い性質があります。乾燥には強いのですが例外もあります（後述）。

　タマネギの栽培ポイントはただ２つ。トウ立ちさせないことと、吊り玉貯蔵中に腐らせないことです。タマネギはある程度の大きさで寒さにあうと花芽ができるグリーンプラントバーナリ型なので、越冬の際に苗が大きすぎるとトウ立ちしてしまうため、あまり早播きできません。かといって、小さすぎる苗は肥大が遅くなるので、あまり遅播きもできません。播きどきを守ることがとても大事な野菜です。

　通常は９月に播いて10月から11月に苗を植え、極早生系は３月より青切りで、中生、晩生系は５～６月の梅雨前に収穫し、約半年貯蔵します。

　ネギ、ニラ、ラッキョウ、ニンニクと同じヒガンバナ科（旧分類ではユリ科）に属します。表面がツルツルの筒状になった葉の形からして、水分がどんどん蒸発するような構造ではありません。つまり、タマネギ、ネギ類はやや乾燥が好きなのです。畑は水はけを第一に考

えましょう。健全なネギやタマネギの葉にはブルーム（葉につく白っぽい粉）が出ますが、畑の水分が多く軟弱になってくると出なくなります。ブルームは健全なほど多く発生し病害虫のバリアになります。

　ウリ科やナス科やマメ科ほど激烈な連作障害は出ませんが、連作すると疫病やべと病が発生しやすくなりますので注意しましょう。

　タマネギはタネを播いてから発芽直後までと、根が伸び出した本葉1.5枚くらいから約１カ月間は絶対に水を切らしたらダメです。逆に、播いてから１カ月～定植～早春までは多湿にならぬように乾燥気味に管理しましょう。低温多湿だとべと病になりやすいので特に注意します。また、３月下旬～４月の結球肥大期も意外に水分が必要です。その後、収穫までは乾燥状態にします。

　ちなみに、トウ立ちしタネが充実する時期はウネ間に水をためる必要があるほど最も水が必要な時期です。こうしてみるとタマネギの水分管理は非常に複雑で難しいことがわかります。

【育苗】

　タマネギをトウ立ちさせないための定植に適した苗の大きさは、株元の太さは約5mm、

長さ25〜30cm、重さ約5gが目安です。この目安を越えないために、やや遅めに播いて苗は焦って早植えしないことが大切です。丈夫すぎるような苗よりも、小さめの苗のほうがトウ立ちしにくいです。暖冬のときは苗が大きくなりやすいので特に注意しましょう。

トウ立ち対策として、苗の葉先や根を切ったり、掘り起こした苗をしばらくたってから植えたりするなどの方法があります。しかし、特に早生系はストレスが分球につながるので避け、できるだけトウ立ちしない極早生の品種を選ぶことと無理な早播きをしないことが大切になります。

【栽培】

タマネギが吊り玉貯蔵中に腐敗するのは、内部的な原因と、腐敗菌が付着・増殖する外部的な原因の2つが考えられます。

内部的な原因は休眠ホルモンが関わっています。本来タマネギは収穫適期になると、葉から結球部への養分の転流が止まり、首が締まって倒伏し、いわゆる自発休眠に入ります。休眠ホルモンが分泌されないと、首の締まりが悪くなり、葉が倒伏する時期になっても倒れません。

首の締まりが悪い原因は、株間を広くしすぎたり、施肥量が多かったり、施肥のタイミングが遅かったり、ベト病が発生して葉の養分消化力が落ちた場合です。いずれも中途半端に肥料が残って肥料切れが悪いときです。休眠ホルモンを分泌させるためには、収穫前までに肥料のチッソ分がなくなっていることが必要です。チッソ分が残っていると、休眠ホル

根菜類

タマネギも直根タイプではなく細かいひげ根タイプ。移植には強い

モンの分泌を阻害するので、首が太く葉が元気で栄養生長を続けようとして休眠に入れません。マルチ栽培の場合は、雨水による肥料の流出が少ないので、肥料は露地栽培より少なめ（3分の2～2分の1くらい）に施してください。また、緊急対策ですがあらかじめマルチをとり、条間に石灰を施すと、チッソの肥効を抑えられます。

　5月下旬～6月上旬になったからと、葉が青々と立ち休眠に入らぬタマネギを収穫しても吊り玉中に成長を続けようとし、結局は玉の貯蔵養分を使い果たし腐敗します。

　外部的な原因で腐敗するのは免疫力の低下です。腐敗させる菌（腐敗菌）は免疫力がある生きている野菜には取りつきません。しかし休眠しているタマネギの表面はこの腐敗菌にとって死んでいる組織と同じため、一斉に取りつきます。腐敗菌をつけないために、まだタマネギの表皮が生きている（免疫力が残っている）ときに菌だらけの圃場から抜き取りましょう。

　つまり、吊り玉貯蔵を成功させるには、首が倒れてあまり時間がたたないうちにすべて掘り上げ、清潔で風通しのよい場所に保存するのが最もよい方法です。

栽培

【植え付け準備（苗床）】

　ネギと同じように、1m幅の平床を作りタネはばら播きまたはスジ播き（条間5～7cm）します。間引くのはもったいないので、時間をかけて播き、できるだけ均一に苗をつくることが大切です（❶）。

　1cm間隔で、条間5cmで播くとき、タネ20mlで約2500～3000粒なので約1m×1.5m、タネ2dlで約1m×15mの苗床が必要です。

　軽く覆土し、その上からかん水し乾燥防止のため敷ワラとモミガラを敷きます。可能なら、寒冷紗などで被覆し、たたき雨による倒伏を防ぎましょう。幼苗は薄い覆土だと倒伏しやすいので1cm程度の土入れが必要です。硬く固まらない砂などの用土や堆肥を、やや厚めに覆土する方法がおすすめです。

【植え付け】

　水はけのよくない畑では高ウネがよく、1m²あたり堆肥1.5～2kg、元肥100g、苦土石灰150g、過リン酸石灰（または熔リン50gくらい）を施します。

　60～70cm幅のウネに2条、または140～150cm幅のウネに4条で株間10～12cmで植え付けます（❷）。中晩生系の品種はやや若苗のほうが活着がよくトウ立ちしにくいです。最初の葉の付け根より深く植えないように注意しましょう。

【手入れ】

　マルチ栽培では追肥はできないので、元肥に緩効性一発肥料などを用います。

　露地栽培では、雨水によって肥料が流出するため必ず追肥が必要です。早生系で12～1月、中晩生系で2～3月上旬までにチッソとカリを中心とした追肥を行ないます。遅れると収穫適期になってもタマネギの休眠が始まらず、吊り玉貯蔵しても腐りやすくなるので、この追肥のタイミングは非常に重要なポイントです。

　追肥の量は50g/m²以下を目安とします。ただし、追肥のチッソ量が多すぎると首締まりが悪くタマネギが休眠しません。日照時間が足りずチッソの消化力が弱いときは追肥のチッソ分を控えカリ分を増やしたり、追肥の絶対量を減らしたりしてコントロールします。雨が多いときも同様です。また、追肥の効きが悪いときは追肥量を増すのではなく中耕が効果的です。

【収穫】

　九州では超極早生系で3月から青切り収穫が始まり、中晩生系の吊りタマネギでは5月中下旬～6月頃、葉が自然に倒伏した頃にすばやく収穫します（❸）。風通しのよい軒下などに吊って乾かし、貯蔵します。

❶ 苗床作り、タネ播き

ばら播きのとき

←―――――1m―――――→

- タネはまんべんなくばら播きし、タネが見えなくなる程度に土をかける。
- その上に乾いても硬くならない砂や、堆肥をふり、さらに発芽まで不織布や寒冷紗、ワラなどをかけておく。

❷ 植え付け

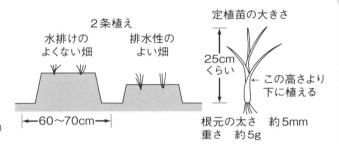

【1m²あたり】
堆肥　1.5 〜 2kg
苦土石灰　150g
元肥　100g
過リン酸石灰（または熔リン）　50g
ウネ幅　2条　60 〜 70cm　4条　140 〜 150cm
株間　10 〜 12cm

2条植え
水排けのよくない畑　　排水性のよい畑
←―60〜70cm―→

定植苗の大きさ
25cm
くらい
この高さより下に植える
根元の太さ　約5mm
重さ　約5g

- 苗は最初の葉より深く植え付けない。

❸ 追肥、収穫

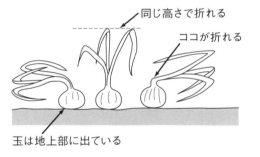

追肥（1m²あたり）
50g以下

同じ高さで折れる
ココが折れる
玉は地上部に出ている

- 全体の5〜6割の茎葉が倒れたら、晴天の日に収穫する。

根
菜
類

タマネギの栽培暦

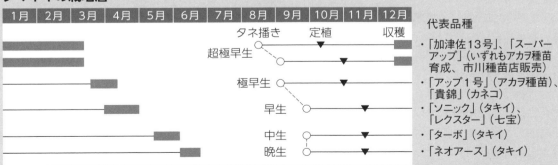

1月	2月	3月	4月	5月	6月	7月	8月	9月	10月	11月	12月

タネ播き　　定植　　収穫
超極早生
極早生
早生
中生
晩生

代表品種
・「加津佐13号」、「スーパーアップ」（いずれもアカヲ種苗育成、市川種苗店販売）
・「アップ1号」（アカヲ種苗）、「貴錦」（カネコ）
・「ソニック」（タキイ）、「レクスター」（七宝）
・「ターボ」（タキイ）
・「ネオアース」（タキイ）

※早生〜晩生はトウ立ちするので、9月下旬より早く播いてはいけない。
　加津佐13号、スーパーアップは他品種ほど日長や低温の影響を受けることなく肥大するので、12〜1月どりが可能

ジャガイモ

- 追肥した土を土寄せすべし
- 2本仕立てで1株秀品6個は確実
- 灰は切り口につけずに、畑に播け

科	ナス科	原産地	アンデス山脈
播き方	種イモを植え付け	根	種イモの上に横方向に広がる
葉	小さく連なった葉が多数		

ポイント

【特性】

　原産地はアンデス山脈ということはよく知られており、高冷地で乾燥しています。高冷地原産ということで、生育温度は他のイモ類より低い15～20℃です。したがって、暖地ではサトイモやサツマイモのような夏越しの作型は無理です。ジャガイモは他のイモ類に比べて生育期間が約4カ月と短いのが特長です。

　さて、ジャガイモは高温に弱いですが、夏が涼しい北海道では年に一作だけ栽培することができます。普通4～5月に植え9～10月に収穫します。一方暖地では夏越しは無理ですが、短期間で収穫できるため、夏の前後を利用して年二作が可能です。九州では露地でも2～3月植え、6～7月収穫と、8月下旬～9月上旬植え、12月収穫の、2回もつくれます。

　注意すべきは品種です。北海道型の男爵やメークインやキタアカリといった品種は日本中で春作用として使えます。しかし暖地での秋作には不向きです。播きどきは高温で、生育時期の大半は気温が下がる短日条件だからです。しかし、デジマやニシユタカといった暖地型の品種は、温度や日長に鈍感であるため北海道の春作型にも対応できます。

　ナス科であるジャガイモの花は白～紫といろいろですが、トマトやナスの花の構造と瓜二つです。果実を見れば一目瞭然、見分けがつきません。「ポマト」というジャガイモから出た芽にトマトを接ぎ木できるほど相性がいいです。つまり多くのナス科果菜類と同じ畑に植えると、そうか病や疫病や青枯れなどの連作障害を起こします。3～4年はナス科野菜を栽培しないようにしましょう。

【植え付け】

　ジャガイモは根ではなく茎が肥大したものです（塊茎類）。種イモの上に茎が伸び、ほふく分枝した茎（ストロン）の先がふくらんだものがジャガイモになります。サトイモやショウガも同じように塊茎を収穫します。

　ジャガイモの芽には法則があります。種イモをとるときその法則に従って切断しないとエライことになるのです！

　ジャガイモはストロンについていた部分を南極として、反対側の北極側に強い芽のくぼみがたくさんあります（135ページ❶）。このくぼみはランダムにあるわけではなく、まるでらせんを描くように北極から南極に向かってゆるやかに間隔を広げながら回転しています。つまり北極から南極に地軸があるとして、種イモをとるときは、強い芽が多い北極側が切ったどのイモにも残るように包丁を入れなければな

りません。この軸に逆らわないように包丁を入れるとうまく種イモが切れます。

暖地型品種のデジマやニシユタカの秋植え時期は8月下旬から9月上旬ですが、この高温期は種イモは絶対に切断してはいけません。Sサイズの種イモがあればいいのですが、種子流通の供給側の問題で必ずLMサイズも抱き合わせ出荷されます。やむをえずMやLサイズを植えなければならないとき、「もったいないから」と切ってはいけません! 100%腐ってしまいます。

植え付けるときは切り口を下にします。これは地表から地下への水分の流れによって切り口を下にしたほうが腐らないからです。

【栽培】

さて、ジャガイモはpH5.5よりpH7.0の土壌を好みます。意外に中性でも育ちます。本当は酸性でもよく育ちます。石灰なんか使わなくとも平気です。日本は雨が多く炭酸ガスを多く含む雨水の影響で放っておいてもpHは下がります。しかし、よほど放置された場所でなければpH5以下にはならず、たとえ苦土石灰100g/m²ほど施肥したぐらいではpHは0.5くらいの修正効果しかありません。養分としてカルシウムの補給効果はあると思いますが、前作の収穫残渣や草のすき込み程度で十分だと思います。

また、そうか病菌はpHが高いほど元気になるという性質があるため、ニシユタカ、男爵、メークインといった従来の品種は耐病性がないため絶対に石灰の投入は避けてください。

ジャガイモ栽培では一般にウネ幅90cm、株間30cmとして、1株720gあれば平均収量といわれています。LMサイズのイモが1株全体の収量の40%くらいをとるために、1株約6個(125g/個)とれれば平均収量の720gを超えます。1芽あたりの最大ストロン数は13個ですが、1芽立てなら約半分がLMサイズに肥大しなければいけません。2芽立てなら1芽あたりLM

サイズを3個とればいいので、かなりラクになります。3芽以上にすると収量は上がるといわれていますが、LMサイズの比率が下がりSサイズが多くなります。そのため、私は2芽立てをおすすめします。

種イモの切断面に灰を塗布するとよいといわれていますが、腐敗防止のためには切断後数日乾かすのが一番です。ジャガイモはデンプンを多く含み、低温で光合成の力が低下するときに肥大しなければならないので、サツマイモと同様に光合成を促しデンプンを生成するカリが必要です。灰は切り口につける消毒効果を期待するのではなく、肥大のためのカリ肥料として畑全体に全層混和するようにしましょう。切り口からの腐敗防止には脱水効果のある多孔質のゼオライトの粉末「ジャガイモシリカ」を使用しましょう。

栽培

【植え付け準備】

前作の残肥はないものとして、堆肥は入れず、元肥として10:10:10の化成肥料を100g/m²と過リン酸石灰で約25g/m²施すか、イモ専用化成などの10:15:15を100g/m²施します。

堆肥1kgを入れると、10:10:10の化学肥料20g/m²の効果が期待できるので、堆肥を入れる場合は元肥の量を80g/m²に減らせます。

最終的なウネ幅を90cm、株間を30cmになるように植え付けます。植え付ける前は、はじめに23～25cm幅で高さ15cmくらいにウネを立てます(135ページ❷)。ジャガイモは塊茎であり種イモの上にジャガイモがつくので、発芽に支障がない10cm程度覆土し、最終的には種イモ上に25cmくらいの土寄せをしてジャガイモが露出しないようにします。

種イモを買うとMサイズなら1kgあたり平均10個、Lサイズなら6個くらい入っています。およそ種イモ1kgで20株分の芽がとれます。

Mは半分に切り、Lは三等分すればほぼ必要分がまかなえます。

切り方は前述したように、ストロンについていた部分を南極に見立て、北極点に包丁を入れ地軸に沿って包丁を入れましょう（❶）。メークインなど縦長のイモの場合、極は長くなっているほうの頂点にあります。芽が出るくぼみを少々切ってしまっても大丈夫です。北極周辺には強い芽がたくさんついているはずですから！

切断したら数日乾かします。切り口に灰をつける必要はありません。

なお、夏作の種イモは大きくても小さくても必ず切らずにそのまま植えます。もったいないようですが、切るとイモが腐って全滅します。

【植え付け】

タネと違ってイモは貯蔵養分を蓄えているので完全に土がカラカラになっていない限り水やりはしなくても大丈夫です。春作で怖いのは低温です。マルチ、不織布、敷きワラをしておくと霜対策になります。

植え付けは30cm株間で溝側に植え込み、両サイドのウネから土を削り寄せて、ウネの中心間の距離を約90cm、高さ約10cmくらいの新しいウネができるように整地します（❷）。

最初からマルチ栽培をする場合は土寄せできないので、今までのような施肥管理をし、植え付け直後はマルチを仮にかぶせて、最終土寄せのときに土で固定するのがよいでしょう。

【手入れ】

ジャガイモづくりでは土寄せと芽かきが最も大切な作業です。

前述したように、種イモの上方向に新しい茎ができ、その節から発根し、一部の茎（ストロン）が肥大してジャガイモ（塊茎）となります。種イモから伸びた芽から横方向にストロンは伸びます。根は芽の節の部分からこちらも横に伸びます。いずれも種イモより上部に広がるので土寄せをしないと肥料分が吸収できず、緑化してイモも肥大しません。

植え付け後1カ月以内に発芽、その芽が長さ10cm以上になった頃に芽かきをして芽を2本にします。ウネの上面の肩側に追肥として10：10：10の化成肥料で約50g/m²（二握り）振ります。次にウネの肩を削りながら5cm程度の覆土をします（❸）。

植え付けから約2カ月前後で芽が30cm程度伸びたら最終土寄せをします。このとき先ほどと同じくらい量の追肥を通路とウネの肩口に施します。肩を削り落とし、溝を削り上げるようにして高さが25〜30cmのかまぼこ型の新たなウネに整地します。この時点で種イモの上に20〜25cmの土がかぶった状態になり、肥料分はウネ全体に混和されたことになります。

注意すべき病害虫はナスやトマトとほぼ同じです。害虫としてヨトウムシ、ニジュウヤホシテントウ「ムシダマシ」、アブラムシなどです。晴天が続くようだと害虫の発生がひどくなり、逆に雨が続くとエキ病などが深刻になります。いずれにしても天候を予測して早めの薬剤散布をするなどの対策を講じてください。

【収穫】

植え付けから収穫までは約4カ月以上かかります。タマネギは首が折れて倒伏するのが収穫の目安になるように、ジャガイモは葉が黄色くなる頃が収穫適期です（❹）。根への同化養分の転流が完了し休眠に入ったというサインです。

収穫作業もタマネギと同じです。外部につく腐敗菌を最小限にするために、晴天を選んで収穫し、表皮を乾かし緑変しないように冷暗所で貯蔵します。温度が高くなると休眠が解けて芽が出るので注意します。

ジャガイモの芽はアルカロイド系の毒があるといわれますが、イモ全体にも潜在的に存在するそうです。緑化した皮には芽と同じように毒素があります。イモの保存中は日光に当てないことに注意し、もし緑化した場合には厚く皮をむくなどして調理してください。

❶ 種イモの切り方

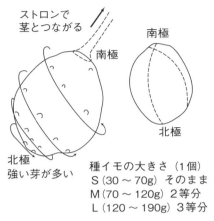

ストロンで
茎とつながる

南極

南極

北極

北極
強い芽が多い

種イモの大きさ（1個）
S（30～70g）そのまま
M（70～120g）2等分
L（120～190g）3等分

● 強い芽が多い北極側が必ず入るように
切る。

❷ ウネ作り、植え付け

【1m²あたり】
元肥　100g＋過リン酸石灰　約25g
ウネ幅　約90cm
株間　30cm
ウネの高さ　10cm

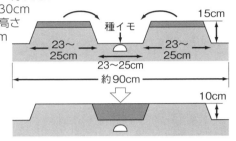

種イモ

15cm

23～25cm　　23～25cm

23～25cm

約90cm

10cm

● ウネ幅約90cmになるようにとり、中央に23～
25cmの溝を作り、その中央に種イモを植える。
● 溝の両側のウネを削り、種イモの上に約10cmほ
ど土が載るように覆土する。

❸ 追肥、土寄せ

①1回目の土寄せ
ウネの高さ15cm
追肥（1m²あたり）
50g×2回

芽は2本残す

ウネの肩と通路の
土を土寄せする

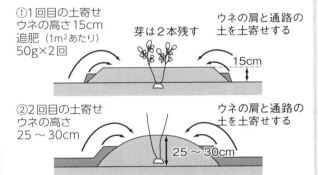

15cm

②2回目の土寄せ
ウネの高さ
25～30cm

ウネの肩と通路の
土を土寄せする

25～30cm

● 芽が伸びて10cmほどになったら、芽かきをして2
本にし、1回目の土寄せを行なう。
● 芽が30cmほど伸びたら2回目の土寄せを行ない、
高さ25～30cmほどのカマボコ型ウネに仕上げる。
● 元肥と追肥の量は1：1になる。

❹ 収穫

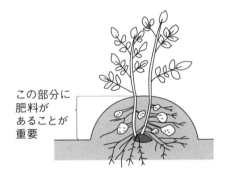

この部分に
肥料が
あることが
重要

● 葉が黄色くなる頃が収穫適期。
● 1株でM、Lサイズが6～7個ぐら
いとれる。

ジャガイモの栽培暦

1月	2月	3月	4月	5月	6月	7月	8月	9月	10月	11月	12月

マルチ　　　　　収穫

春作

種イモ植え付け

秋作

135

サトイモ

- 連作、乾燥が大嫌い
- 田んぼのような水持ちのいい畑が好き
- 追肥した土を土寄せすべし

科	サトイモ科	原産地	東南アジア熱帯地方
播き方	種イモを植え付け	根	加湿に強い
葉	太く広くツルツル		

ポイント

【特性】

　原産地は東南アジア熱帯地方。日本には縄文時代にすでに伝わってきていたそうです。渡来が古いので、各地でいろいろな別名がつけられているのもサトイモの特徴です。原産地の気候に順応しているせいか、暑さに強いです。生育適温は25〜30℃くらいです。ショウガやサツマイモと同じくらいですが、サトイモはより高温の35℃くらいまで耐えます。また、原産地は湿気が多いため、サトイモは植え付けから収穫まで乾燥に弱いです。

　サトイモの栽培のポイントは「水分」です。本格的に肥大する8月以降はもともと降水量の多い季節ですが、まれに台風がまったく来ず干ばつになる年があります。そんな年はサトイモが不作で極端な品薄になる場合があります。梅雨明け以降は乾燥防止のために敷きワラなどでウネ上面を覆い、水分の蒸発を防ぐようにしましょう。それでも土が乾燥するときは大変ですがかん水を行ないます。そのため、サトイモ栽培では最初から田んぼのような水持ちのよい場所を選びましょう。なお、若干日当たりの悪い場所でもよく育ちます。サツマイモやジャガイモとはこの点がまったく違いますので注意してください。

　サトイモはサトイモ科で、可憐なミズバショウや、水田の雑草で問題となるヘラオモダカなどと同じグループです。いずれも水が大好きな点が共通しています。

　サトイモは葉が大きいため水が好きで蒸散が旺盛です。しかし、葉に落ちた水滴がコロコロと流れ落ちるのをご存知の方も多いでしょう。ツルツルしているからでしょうか？　そうであれば、ツルツルしているのは乾燥地に順応しようとして表面積を小さくするように進化したことを表しているはずです（10ページ）。矛盾しているようですが、これはロータス効果と呼ばれ、一見ツルツルしているようでも、表面には小さい突起のある微細構造をしているため、水滴が表面張力により丸まってしまうのだそうで、水が好きなことにはちがいありません。

　サトイモは酸性に弱く最適pHが6〜6.5と高いことが特徴です。ジャガイモやサツマイモとはこの点も大きく違います。連作障害が出るため、必ず輪作し3年以上同じ場所でサトイモを栽培しないようにしましょう。

【植え付け】

　種イモを購入する場合は販売時期が3月下旬から4月前半とまだ寒い時期にあたり、低温による種イモの腐敗が非常に問題になります。

またタネを植え付けても発芽まで1カ月程度はかかりますので、その間に腐ってしまい欠株になると、収穫イモの不揃いにもつながります。その点の種イモを前年保存しておいたイモから選ぶ場合は植え付け適期に合わせられるので種イモの腐敗は防げます。防寒対策ができますが、サトイモの種イモは発芽する場所が通常1カ所しかありません。ジャガイモの種イモのようにあちらこちらから発芽するわけではないので、頂点付近の発芽部位がきれいなものを選別して使うと、種イモの腐敗による欠株が防げます。

3月下旬～4月にかけて浅く土をかけて仮植えしたあと、トンネル被覆などで温度を上げます。芽が7～8cm出てきたものを4月下旬～5月中旬に植え付けすると種イモの腐敗欠株が防げます。

【栽培】

サトイモの栽培上のキーワードは「土寄せ」です。サトイモは茎が肥大した塊茎です。種イモから出た茎の部分が肥大し親イモになり、その親イモの周辺に小イモがつき、さらに同じようにして孫イモがつくというような上から横方向の生長をします（139ページ❹）。

このため、種イモはウネの深い部分に植え付ける必要があります。ただし、ジャガイモと同じように最初から厚く覆土すると発芽の妨げになるので、土寄せを数度行ないます。

サトイモづくりには、畑選びが最も大切です。酸性が強くなく、水持ちがよく、連作していない圃場を選びましょう。乾燥気味の畑はサツマイモやジャガイモのほうが適し、やせている畑はサツマイモが、ナス科の連作がない畑はジャガイモを選択したほうがよくできると思います。

根菜類

サトイモはジャガイモと同様に、茎が肥大してイモになる

栽培

【植え付け準備】

　元肥と追肥を1:1で施すとして、10:10:10の元肥50g/m²を整地前1週間くらいに全層施肥します。収穫まで6カ月以上かかる長期作型でデンプンの多いイモなので、リン酸やカリの多い10:15:15の配合肥料ならさらに効果的です。リン酸、カリの過剰害は出ません。施肥設計量が少なめなので保険のために堆肥を1kg/m²程度加えて植え付け1カ月前に全層施肥します。

　また、酸性を嫌うので200g/m²程度の石灰を植え付け7日前までにこれも全層混和します。

　最終的なウネ幅100cm、株間は50cmとします。実際には❶のように高さ15cm、25cm幅のウネと通路を交互に作り、株間は50cmで植え付けます。ウネの上面と肩を崩しながら追肥と土寄せを同時に行ない、高さ20〜25cm程度のかまぼこ型のウネを立てます。

【植え付け】

　前述したように、サトイモ栽培のポイントは「水分」です。タネ播き前に土壌が乾燥しているならあらかじめかん水しておきましょう。マルチをすると草が生えにくくてよいですが、サトイモには土寄せ作業が欠かせません。マルチをするときは植え付け後マルチをかぶせてマルチの端を固定せず、土寄せが終わったあとで固定しましょう。土寄せのときにマルチを取り除いて敷きワラなどに交換してもよいでしょう。

　やってみればわかりますが、人力で土寄せするのはとても大変です。可能なら避けたいところです。こんなときの裏ワザが「逆さ植え」です。私の知人から教えてもらった方法ですが、芽を斜め下向きに植え付けます。芽が種イモのまわりを大回りしながら伸びるので、土寄せする高さが低くてすみます。私は芽の出るほうを横に寝かせていて、こちらも同

じ効果があります。種イモを並べたら、両脇のウネの上面を削って覆土するだけで植え付けが完了です。このときの覆土は約10cm弱で、ウネの高さは約10cmになります。なお、逆さ植えは芽のまわりこみ方に個体差が出るので発芽揃いがやや悪くなります。土寄せ作業を軽減するための逆さ植えなので、揃いが気になる場合は従来の芽を上向きにして植えてください。

【手入れ】

　第二の栽培ポイントは「土寄せ」です。4月に植え込むと、発芽まで1カ月かかります。6月に1回、7月梅雨明けまでにもう1回土寄せを行ないます。同時に追肥1回25g/m²（一握り）をウネの上面と肩口に振って土寄せしていきます。小さい芽が出ていたら親イモの芽1本を残しあとは土寄せの土で埋め込んでしまいます。

　害虫の被害はあまりありませんが、ハスモンヨトウなどが発生すると被害が大きくなります。干ばつが続くなど蛾の大発生が予想されるときはできるだけ虫が小さいうちに薬剤散布で駆除してください。大きくなった（4齢の）幼虫には殺虫剤が効かず打つ手がありません。

【収穫】

　サトイモは植え付けから収穫まで6カ月以上かかります。サトイモには大きく3種類ほどあり、親イモが食べられる赤目大吉（晩生）、親イモは食べられない石川早生、親イモだけを食べるタケノコイモなどがあります。

　一般に、子イモしか市場には出回らないので自家栽培したときに親イモを捨ててしまう場合もあるそうですが、食べられる品種もあります。親イモは毒にはなりません。

❶ ウネ作り、定植

【1m²あたり】
堆肥　1kg
苦土石灰　200g
元肥　50g
ウネ幅　100cm
株間　50cm

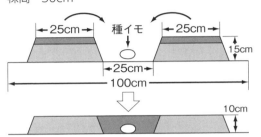

●高さ15cm、25cm幅のウネと25cm幅の通路と交互に作り、種イモを植え付ける。

❷ 種イモの植え方

芽の出方　　　　いい種イモの見分け方

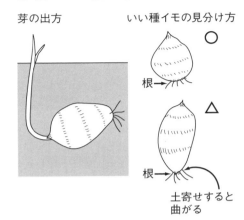

根→

根→

土寄せすると
曲がる

●芽を横向きにして植えると、
土寄せが少なくすむ。

❸ 追肥、土寄せ

【1m²あたり】
元肥（1回）
25g×2回

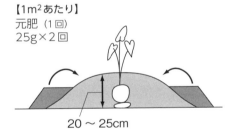

20 〜 25cm

●6、7月頃に1回ずつ計2回程度土寄せして、高さ20 〜 25cmのカマボコ型のウネに仕上げる。
●子イモの芽は土寄せで埋める。

❹ 親イモ、子イモ、孫イモのつき方

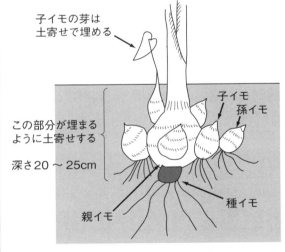

子イモの芽は
土寄せで埋める

この部分が埋まる
ように土寄せする

深さ20 〜 25cm

子イモ

孫イモ

種イモ

親イモ

●塊茎のため、種イモより上にイモができる。

根
菜
類

サトイモの栽培暦

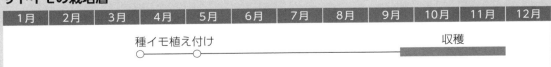

1月	2月	3月	4月	5月	6月	7月	8月	9月	10月	11月	12月

種イモ植え付け　　　　　　　　　　　　　収穫

サツマイモ

- 苗を縦挿しすれば乾燥に強く活着しやすい
- 苗を縦挿しすれば大イモが揃う
- 肥料、堆肥はツルボケのもと

科	ヒルガオ科	原産地	中央アメリカ
播き方	ツルを植え付け	根	茎の節細根が肥大してイモになる
葉	やや小さくて薄い		

ポイント

【特性】

　サツマイモはヒルガオ科です。アサガオと間違えるような花が咲きます。葉も空心菜（ヨウサイ）やアサガオに似ています。花は高温短日で咲くので日本では花が咲かないといわれていますが、佐世保周辺でも花が咲いているのを見ることができます。秋に咲くサクラと同じで、日長要因だけではなく何らかのストレスが関係していると思われます。

　原産地は中央アメリカ原産で、もともと高温を好みます。生育適温は30℃以上、イモの肥大は22℃以上が必要です。栄養繁殖なので収穫したイモを保存して次年度の種イモとしますが、低温には弱く、10℃以上で保存する必要があるといわれています。ただ、最近の糖度の高いサツマイモは、デンプンが少ないのか腐りやすいです。サツマイモを貯蔵するときは発泡スチロールなどを断熱材としてうまく利用しやや高めの13℃を保つようにしましょう。

　サツマイモは別名を甘藷、英語ではsweet potato（甘いジャガイモ）です。ジャガイモは茎が肥大したもの（塊茎）ですが、サツマイモは根が肥大したもの（塊根）という点が違います。しかし、どちらもデンプンの塊で、肥料分としてカリが非常に重要な役割を果たします。そのため昔からジャガイモやサツマイモには草木灰がたくさん施されてきました。その一方で、サツマイモはチッソ分をほとんど必要とせず、チッソが多いと逆に悪いことが起きます（後述）。

　またサツマイモは、非常に乾燥に強いです。江戸時代に飢饉を救う救荒作物としてサツマイモ栽培が奨励されました。何せ、日本のどんな場所でも、やせてかんがい施設がない乾燥した土地でも、灰以外には肥やしはほとんど使わずに育つのです！　普及しないのがおかしいくらいです。

【植え付け】

　花が咲かないくらいなので種子繁殖はもともと難しいです。普通は前に収穫したサツマイモを保存し早春から苗床に植え付け、トンネルをかけて温度を上げ、出てきたツルを5〜6月に植え込みます。ツルが出ると葉が出ている付け根の節から根が出ます。節の部分を土に埋めておけばそこから出たちょろちょろとした根がやがて肥大し、サツマイモになります。

　一般には栄養繁殖は効率が悪いのですが、サツマイモは1個の種イモから何本もツルが出ます。何度もツルを切って苗にできるので同じ栄養繁殖のジャガイモやサトイモ、ショウガなどに比べてかなり効率的に殖やせます。しか

カコミ サツマイモの品種の使い分け

　サツマイモは青果用も加工用にもたくさんの品種がありますので分類して使い分けましょう。

●**ホクホク系**

　食べたときの触感がホクホクしています。高系14号がもともとの品種です。その改良種が紅あずまや鳴門金時です。クリのようなので昔から青果用として人気です。個人的にも、最近はやりのネチネチ系は性に合いませんので、焼きイモならホクホク系だと思ってます。意外にこのようにおっしゃるのは年配の男性に多いようです。いずれも焼きイモやてんぷらにするときの「ホクホク感」が最大の特徴です。

●**ネチネチ系**

　焼きイモや蒸しイモにしたときに「とろっ」「しっとり」とした食感が特徴です。安納芋、紅はるかが最も有名です。シルクスイートはこれから主流になるであろう有望な新品種です。安納芋は色がややオレンジ色です。紅はるかは温め直しても美味であることが電子レンジなどの再加熱に便利で現在の注目品種です。

●**加工用**

　パープルスイートロードはおいしい紫イモです。お菓子などによく使われています。白皮種は主に焼酎の原料に使われています。以上が現在市場で見かける主な品種です。

根菜類

し、栄養繁殖を繰り返しているとウイルス病に冒されて収量が上がらなくなります。そこで種イモを更新させることが必要になります。できればウイルスフリーの親株を購入してそれを親株としてツルを増殖する方法が望ましいといえます。

　種苗法が改正され、2021年度からは登録品種の自家増殖は許諾制となりました。登録された品種の場合、収穫貯蔵したサツマイモを種イモにして、ツルをとる（自家増殖）には育成者の許可が必要となる場合もあるのでご注意ください。

【栽培】

　ナス科のジャガイモは連作を非常に嫌いますが、サツマイモは連作には強いです。だか

ら救荒作物として奨励されたのでしょう。

　サツマイモはやせ地で鍛えられた野菜であることをくれぐれもお忘れなく。

　特に収穫残渣のすき込みや未熟堆肥の投入はくれぐれもご用心！　コガネムシの幼虫や甲虫類、微生物に過剰なエサをばら撒いていることになります。また、センチュウなどの食害根から病気が発生したり、イモの表面に大きく穴が開いたり傷がついたりして非常に品質が悪くなります。

　チッソや堆肥の投入はほとんど必要ありません。酸性にも強いので一般の畑では石灰をやる必要もありません。ジャガイモ同様に弱酸性が適しています。前作の残肥でチッソ分は十分だと思います。

栽培

【植え付け準備】

　サツマイモは前述したとおりやせ地でも育てられるので、堆肥や石灰、チッソを含む肥料は不要です。「油粕や鶏糞を入れると味がよくなる」という俗説を信じて元肥として投入する話をいまだに耳にしますが絶対にやめましょう。

　施肥するとすればまずはカリ、次にリン酸です。イモ専用肥料として販売されているリンカリ肥料（3：10：10）を100〜200g/m²施肥します。やせ地ではリン酸はすぐ不溶化するので、カリつまり「灰」の施肥だけでも十分効果はあります。サツマイモはデンプンを多く含む野菜ですが、カリは光合成を促進しデンプンの生成に必須な元素だからです。

　畑は無肥料でもよいのですが、何度も耕起してから整地しましょう。前作の収穫残渣や草などの未熟有機物の分解が進みやすくなります。整地はウネ幅90cm、高さはできれば30cmくらいあればよいでしょう（❶）。イモヅルが繁茂すれば雑草はそれほど問題になりませんが、雑草が問題になる畑ではマルチ栽培がおすすめです。水分を含んだ状態でマルチを張るとよいでしょう。

【植え付け】

　植え付け適期は5〜6月、30cmくらいのツルを切り取り数日日陰で放置します。ややしおれ気味の苗のほうが早く根を出そうという力が働き、根が出やすくなります。植え込んで活着するまでには1週間程度かかります。定植時にウネの内部まで乾燥しているときは、定植の前日の夕方までにあらかじめかん水しておきます。定植後はワラなどをかぶせておくと遮光できるので極端なしおれが軽減されます。マルチをすると土壌に雨水の影響が出にくくなり味のよいサツマイモができます。

　植え方はいろいろあります（❷）。一般には

ツルを寝かせ30cm程度の間隔で植えます（水平植え）。葉は土に埋めないように必ず露出させておきます。寝かせて植える方法は節がたくさんついているのでやや多めのイモがつきます。しかし、イモ数が増えるぶん不揃いになりやすく、乾燥にも弱いです。個人的には縦挿し（直立植え）がおすすめです。吸水口が深いところにあるから干ばつのときでも活着しやすく、土の中の節が少ないぶん大きいイモが揃いやすいからです。

【手入れ】

　サツマイモの生育中で問題になる害虫はヨトウムシです。干ばつが続いたり、昼間に蛾をよく見たり、葉裏に蚕や光るツブツブのような卵塊を見つけたりした場合はヨトウムシ発生の警報と思ってください。つぶして殺すのが困難な場合は早めに薬剤散布をしておきましょう。ヨトウムシは老齢化すると殺虫剤が効きません。数が多いと致命的な被害を受けますので注意してください。

　ツルが伸びたら、ツルの先端を持ち上げて、ツルから出た根を切る「ツル返し」を生育途中に何度か行ないます。ツルの途中から根が出てそちらに養分が奪われ、根を肥大させる養分が回らなくなってしまうからです。

　ツルボケにも注意します。これは主にチッソ過多で起こるといわれていますが、何度も繰り返したように無肥料でも前作の残肥が残っていれば起こり得ます。チッソ過多だと葉が茂りすぎてその葉を維持するため光合成した養分がツルや葉に転流し、イモの肥大に回らなくなります。

　また、チッソ過多だけではなく日照不足、加湿などでも起こります。葉が茂りだすとますます葉が茂るような悪循環に陥るのでご注意ください。無チッソやリン酸とカリの追肥、高ウネ、ツル返しなどで対策しましょう。

【収穫】

　定植後4カ月くらいで収穫時期になります

（❸）。早くて9月、普通は10月頃になります。早すぎると甘くないし、遅すぎると形が悪く、腐りやすくなります。掘り上げたら、やや乾燥させて貯蔵します。貯蔵するときはある程度の温度（10〜15℃）と湿度が変動しないことが要求されます。できるだけ大きい穴か遮熱性に優れた厚めの段ボール箱で保存しましょ

う。青果として保存する場合も貯蔵温度が高めなので冷蔵庫はダメです。冷凍保存などはもってのほかだということです！

カボチャと同じで、収穫後数週間置いたほうがデンプンが糖化して甘くおいしくなります。

❶ ウネ作り、定植（直立植え）

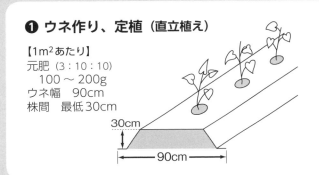

【1m²あたり】
元肥（3：10：10）
　　100〜200g
ウネ幅　90cm
株間　最低30cm

- 元肥（チッソ）、堆肥、石灰は入れずに十分に耕してウネ立てする。
- 定植前日の夕方までに、ウネの内部まで水分があるようにかん水する。

根菜類

❷ 定植

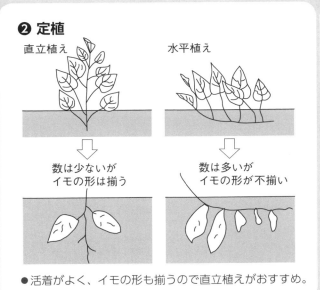

直立植え　　水平植え

数は少ないがイモの形は揃う　　数は多いがイモの形が不揃い

- 活着がよく、イモの形も揃うので直立植えがおすすめ。

❸ 収穫

イモは下方向にできる

- サツマイモはイモの部分が根（塊根）なので、下方向にできる。
- 定植後4カ月ぐらいで収穫、10〜15℃ぐらいで保存する。

サツマイモの栽培暦

| 1月 | 2月 | 3月 | 4月 | 5月 | 6月 | 7月 | 8月 | 9月 | 10月 | 11月 | 12月 |

苗づくり　ツル植え付け　　収穫

市川　啓一郎（いちかわ　けいいちろう）

1955年、長崎県佐世保市生まれ。
1979年、タキイ研究農場で1年間研修。その後、市川種苗店を継ぐ。
味や品質、調理の多様性といった消費者目線の品種を主な商品ライン
ナップとすることをモットーとし、小分け種子はすべてオリジナルの
解説付き自作パッケージで販売する。月刊誌『現代農業』などで執筆

〈市川種苗店連絡先〉
ホームページ　https://www.i-seed.jp
ブログ　　　　https://ameblo.jp/kateisaien-iseed/
メールアドレス　info@i-seed.jp（繁忙な時期など、すぐにお返事できない場合もあります）
TEL　　　　　0956-49-4840
FAX　　　　　0956-49-4966

●イラスト・図
・アルファデザイン（1章図解）
・日本種苗協会長崎県支部（2章栽培原図提供）
●カメラマン写真
・赤松富士（p48, 52, 56, 60, 64, 68, 72, 74, 80, 82, 84, 86, 88, 90, 94, 98,
　　　　　　100, 102, 106, 110, 112, 114, 118, 122, 124, 128, 129, 132, 136）
・佐藤和恵（p65）
・依田賢吾（p26, 78, 137, 140）

タネ屋がこっそり教える　野菜づくりの極意

2021年10月30日　第1刷発行
2023年 1 月20日　第4刷発行

　　　　著　者　　市川　啓一郎

発行所　一般社団法人　農山漁村文化協会
〒335-0022　埼玉県戸田市上戸田2-2-2
電話　048(233)9351(営業)　048(233)9355(編集)
FAX　048(299)2812　　振替　00120-3-144478
URL　https://www.ruralnet.or.jp/

ISBN978-4-540-21109-6　　　DTP製作／(株)農文協プロダクション
〈検印廃止〉　　　　　　　　印刷・製本／凸版印刷(株)
©市川啓一郎2021
Printed in Japan　　　　　　定価はカバーに表示
乱丁・落丁本はお取り替えいたします。